透過電影————看見我們說不出口的心理創傷

一邊吃著爆米花，一邊療著傷

金 峻 基

黃子玲 譯

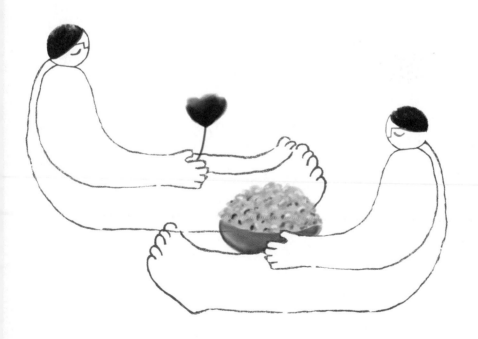

영화로 만나는 트라우마 심리학

「在我們的人生中，心理創傷是種無奈的必然。」

《心理創傷的諮商與治療原則》
約翰‧布里埃（John N. Briere）、凱薩琳‧史考特（Catherine Scott）

　　喜愛電影的我，只要一有空就會去看電影，在黑暗的電影院裡怕被人看見，會偷偷觀察四周後才敢默默擦眼淚。偶爾走出戲院之後，為了安撫激動的心還會漫無目的地散起步來。電影看的多之後，不知不覺也開始注意到電影裡的角色因為身心的煎熬而受苦、糾結，最終克服成長的過程，甚至在應是歡快的浪漫愛情電影中察覺到主角們所懷抱著的微妙傷口。或許是無可救藥的職業病吧，正因為我的職業是精神科醫師，每天都會面對承受創傷煎熬的人，我忍不住就起了這樣的念頭——希望透過電影的角度來說明創傷相關的心理學，協助諮詢者理解。因為「理解」也是一種治療的起點，而這本書就是以說明創傷者內心世界為目的所寫的書。

　　心理創傷非常個人也非常主觀，同時也屬於特別祕密的經驗，因為傷口沒有外顯出來，於是周遭的人也很難察覺。對當事人來說，要親口吐露這些痛苦很不容易，更因為受創者處於身心

靈都近乎破碎的狀態下，久而久之便不免和親朋好友等周遭的人產生誤會和分歧。這些狀況時常讓身為創傷專家的我感到遺憾，我開始思考有沒有什麼方法讓一般讀者可以用輕鬆愉快的方式來認識創傷，在二〇〇九年我出版了涵蓋創傷症狀、原因及治療方法的《從電影認識治療心理學》，和當時相比，近年來「心理創傷」這個概念更加普及，人們開始意識到不僅是慘絕人寰的事故或戰爭會帶來創傷，我們社會各處所發生的日常事故、特別是人們欠缺對幼童、身心障礙人士、性少數、低收入戶等社會弱勢者的關心和體諒也可能帶來創傷。許多專家出現了，他們開始協助容易遭受創傷痛苦的人們，也有更多治療方法逐漸被人知曉，然而針對蒙受創傷後遺症所苦的人們，這些治療過程仍是十分艱難，或許，所謂治療心理及靈魂的學問仍然在起步階段。

這本《一邊吃著爆米花，一邊療著傷：透過電影看見我們說不出口的心理創傷》是集結二十五部電影來說明創傷的書，涵蓋我上一本書《從電影中認識治療心理學》中沒有談論過、出版後上映的電影，以及隨著時代變遷所重新定義的創傷型態，雖然書中涵蓋的電影是以我個人愛好而嚴選出來的作品，但主要還是挑選了能夠完整呈現創傷症狀到治療過程的電影，例如能讓人感到溫暖的、讓人思緒奔騰的、呈現家族情感的，以及顯現戰爭後遺

症、鄰家故事的電影們；從溫馨小品到院線大片、兒童創傷到戰爭創傷等等，我試圖以一本書盡可能的涵蓋所有創傷相關的事，希望能夠讓讀者像看電影一樣回顧日常生活各處出現的創傷，成為理解個人過去的傷痛、加以成長的契機。另外我也誠摯期盼大家在閱讀本書之後能夠找出這本書所收錄的電影來觀賞，在直面電影中所隱藏的創傷時，也能夠稍稍接近自己過去費盡心思想要閃躲的創傷。

無論過程是幸福或感傷，電影總有終時，然而在我們所處的現實世界，痛苦和煎熬是現在進行式，如噩夢一般的創傷可以被一點點聲息給喚醒，只要處於和記憶類似的環境，當時所感受到的恐怖與懼怕的情緒仍會襲上心頭。就像在一條漆黑無比的隧道上走著，某些瞬間我們不免懷疑眼前是不是沒有盡頭，但我相信如果我們能夠確實面對創傷，把創傷說出口，則這份創傷說不定在生命裡就會變得不那麼重要，也不那麼特別了。

如果你正在經歷著痛苦，或者你看到身旁的人正耗盡心力對抗痛苦，對自己或對他們說些溫暖的話吧！「這不是你的錯，從現在開始你可以選擇自己的人生，可以放心沒關係。」雖說創傷到處都有，但希望大家也別忘記我們周邊也到處都有治療創傷的力量。

我想對協助修正與補正這本書的編輯團隊表達感謝，也想對長期與我一起學習與分享創傷知識的專家們、我心目中永遠的老師 Lee Ho Young、以及把我的書讀得最仔細的太太致上最深的謝意，最後我想將這本書獻給過去二十五年間不吝於和我分享內心秘密的患者們。

2021 年 1 月　金峻基

一邊吃著爆米花，一邊療著傷

Chapter 2　創傷種類與症狀

Chapter **3**　**創傷的治療**

一邊吃著爆米花，一邊療著傷

何謂「創傷」

《驚爆焦點》（Spotlight）

導演　湯姆·麥卡錫（Tom McCarthy）◆美國◆2015
主演　馬克·魯法洛（Mark Ruffalo）
　　　瑞秋·麥亞當斯（Rachel McAdams）

創傷記憶和一般記憶
有什麼不同？

「原本記憶是會被變更和扭曲的東西，但受到外部創傷後而因壓力障礙蒙受
痛苦的人並沒有辦法將實際發生的事件記憶給抹去。」
　　　　　　　　——皮埃爾·讓內（Pierre Janet），法國精神病學醫師

「創傷的記憶迴路與適應性的神經迴路無法串連，就像一座無人島般被單獨
儲存，而這種好長一段時間被凍結的創傷記憶迴路在未來遭受到類似的刺激
時會再度被啟動，引發出各種不同的症狀。」
　　　　　　——法蘭芯·夏琵珞（Francine Shapiro），EMDR 治療法創始人

電影《驚爆焦點》以真實事件為藍本，描述一九六〇年至一九九〇年間，波士頓地區天主教祭司所犯下的兒童性侵犯罪刑被美國《波士頓環球日報》採訪小組公諸於世的過程。儘管當時天主教神職人員極力反彈並試圖掩蓋案件，但在記者們鍥而不捨的追查下，終於在二〇〇二年時揭發了將近九十件發生在波士頓地區的天主教祭司性侵兒童案件。該採訪小組將這段事實揭發的貢獻也獲得了認可，在二〇〇三年獲頒代表美國媒體最高獎項的普立茲獎。而描繪了記者們小心翼翼地接觸並激勵被害者、面對加害者不屈不撓且充分展現正義的電影《驚爆焦點》，則在二〇一六年獲得奧斯卡金像獎最佳影片獎和最佳原創劇本。

　　在這裡我們有幾個好奇的地方：因性侵案件遭到起訴的天主教祭司們在那之後怎麼了呢？有沒有承認他們所犯下的罪並受到了相對應的懲罰？如果他們承認了他們所犯下的罪刑並也已經受到懲罰了，那麼當時又是怎麼為十年前、二十年前、甚至三十年前所發生的性犯罪確立罪證呢？如果只透過被害者的陳述，又是怎麼讓這些天主教祭司就地正法的呢？

●●• 我們能夠相信記憶嗎？ •●●

　　實際上當時法院採納了各種事實描述與證據，在二〇〇五年

二月才正式定調該性侵犯的有罪判決，並對加害者們宣判了至少十二年的有期徒刑，然而在二○○七年時，加害者的辯護律師主張原判決為誤審，並提交了駁回判決的申請書，他們的見解是：「法官主要以歷時已久的記憶做出了判決，但那些記憶怎麼能夠相信呢？」「難道不是完全沒有科學的證據嗎？」而為這個「被害者的記憶不足採信」主張背書的是美國地區將近一百多名的精神病醫師、腦科學家、心理學學者等專家所做出的法庭意見書。同意這份意見書的專家們認為兒童時期遭受性侵害所留下的記憶沒辦法用科學角度立證也無法被採信，根據一部分曾過度沉浸於被害者的說法且產生共鳴的治療者所言，幼年記憶被渲染過的可能性很高，一言以蔽之，他們主張記憶的屬性本來就是變幻莫測的，沒有任何證據可以證明記憶能為事實說話。

●●● 一般性質的記憶屬性 ●●●

當然他們的主張並不是完全錯了，本來我們的記憶就是變化無常，一般來說平凡的日常記憶很容易被忘記，即便是一些重要的事件，也多半會隨著歲月的更迭而逐漸褪色模糊，於是在講起模糊的記憶時，我們為了填補缺失的部分，便常常有意無意地拼湊起記憶來，也就是說，記憶本來就有變化的屬性。當我們講起

小時候和家人的旅行或和朋友在一起的回憶時，常常發現我們和親朋好友所講出的回憶大相逕庭，這就是因為記憶的拼圖在每個人的腦中被組合成不同的劇情所造成的。

　　實際上造成這種記憶變化的是我們腦裡所裝置的資訊處理系統（information processing system），當一筆事件的資訊被輸入腦裡時，腦中的資訊處理系統就會把不必要的資訊篩掉，並盡量儲存對生存和成長有關的資訊，也就是為了能夠更有效率的面對未來，「適應型資訊處理過程」就會被啟動，好盡量有效率地儲存重要且必要的資訊。舉例來說，因為沒做作業而被老師用鞭子打手心的時候，這樣的資訊在輸入時會從被打時手心感受到的熱辣、被打之前的高度恐懼以及旁邊孩子們訕笑聲帶來的羞恥感等等記憶開始，深刻地印在腦海中；但過了幾天，手心裡的痛處及害怕的記憶可能有很高程度變得模糊了；再過了一個月左右，對於那個事件所殘留的記憶可能會變成──「不寫作業的話，會遭受嚴厲的懲罰而且帶來羞愧的感受，下次應該要早點寫作業。」只有必要的教訓會被留下來，而在那之後因為好好寫作業被稱讚的過程又會慢慢加深這段教訓的印象，於是長大成人以後，每次不寫作業被打的記憶或許已經蕩然無存，只剩下寫作業的時候被人稱讚、自己曾經是他人典範的記憶。我們的記憶就像這樣，它

具備著不需費心就能朝著對自己有利方向發展的傾向。

　　更別說當我們反覆想起一段記憶並加以述說時，記憶還具備著更靈活變化的特性，所以說當過兵的男生們見面聊起苦悶軍旅生涯中發生的趣事時——例如在炎熱的夏天裡被強迫踢足球、不想踢又得踢的痛苦記憶——在酒酣耳熱之際可能以一年、兩年、五年不等的週期逐漸走樣，當這些陳舊的記憶屢屢被當成下酒菜消遣時，可能會變成在部隊之間的足球大賽上踢進了決勝球，因此獲得了所有部隊同袍和幹部們稱讚的美談，或者甚至從大隊長那邊獲得榮譽假的感人英雄傳；而因為失戀痛苦得無法呼吸、整夜大哭的事件也可能在和朋友反覆哭訴自己的鬱悶和怨恨之後，做出「可能跟他／她沒有緣分」、「他／她是不會看人的笨蛋」之類的結論，總之必須要把記憶轉向對自己有利、自己容易接受的角度，我們才有辦法比較舒坦地活下去。

●●● 然而創傷記憶是恆久不變的 ●●●

　　但和前面所說的不同，在諮商室裡所聽到的被害者創傷記憶卻很神奇地擁有不容易被改變的特性。在駭人聽聞的創傷中所經歷的畫面、心臟炸裂的感覺、難以承受的生理疼痛等單篇回憶的碎片，不論過了多久都依然鮮明，還會引發強烈的痛楚。例如

小時候常常被酒醉的爸爸暴力對待的患者，儘管已經在諮商室裡反覆訴說了過去被爸爸打的痛苦和恐懼、當時媽媽的驚聲尖叫聲和懼怕的表情、被爸爸打得頭破血流去急診室時看到的閃爍紅燈等，這些強烈的痛苦卻一點也沒有被弱化，就算他們可能在現實生活中已經是坦然自持的大人，但三十年前孩提時代充滿恐懼和膽怯的記憶片段仍會重新帶來和當時體驗相仿的痛苦，更何況有些時候創傷記憶還會隨著時間的推移更加鮮明，這到底是什麼回事呢？

　　推測是大腦資訊處理系統過載而完全無法對壓倒性的創傷記憶進行處理，爸爸每次喝酒回家就破壞東西、施展暴力的記憶太濃烈地被輸入進腦中，無論過一週或一個月都沒辦法輕易地被淡化，即使多虧資訊處理系統的作用讓這些記憶稍稍被處理過，但當爸爸又做出暴力行為時，這些記憶卻更強烈地被烙印下來。讓我們假設這些類似事件反覆發生十次、二十次吧，因為記憶裡所儲存的負面能量太強也太有破壞性，於是大腦的資訊處理系統被麻痺而無法啟動的機率便提高了，再也沒有空間用理性去除不需要的資訊、留下合理的必要資訊，除了把像火苗一般具有濃烈能量的記憶資訊從意識裡往外去以外，沒有別的手段可以用，最好是能夠不再想起這些記憶，這樣才能暫時鬆一口氣。運氣好的話

這些被壓迫的記憶會解離（dissociation），只要這些記憶長時間沒有回到意識裡，繼續過日子就沒有問題 ，但是這些沒經過處理就被壓制的記憶無論經過多久，經歷創傷當時的資訊和能量仍會維持在原本的狀態，只是被保存在腦神經迴路的某處而已，這樣的話只要受到某種刺激，創傷當時的記憶資訊就會原封不動地再次被啟動。

　　據說在波士頓兒童性侵事件中被害者所做的陳述也令人意外地非常類似，至少都是三十年以上的陳舊記憶，而被害者可能並不知道彼此的臉孔和名字，但只要是加害者是同一人，這些被害者所做的陳述竟驚人地有許多雷同之處，據說加害者欺騙小孩子時說過的話、發生性侵的場所、被性侵當下所聽到的話語、被性侵時的姿勢等等，大部分都很雷同。

●●● 以創傷記憶立證的可能性 ●●●

　　那麼關於創傷記憶和一般記憶不同、不容易被改變的這件事是否能用現代科學作證明呢？事實上這件事到目前為止都沒辦法明確地被證實，很難區分哪部分是創傷記憶，哪部分是一般記憶，所以仍然有很多專家不承認創傷記憶可能是真確的。實際上在處理波士頓兒童性侵事件的法庭上，被害者的陳述中有五成以

上沒有被採納，儘管如此，二〇一〇年的大法院上仍然全場一致重新宣判加害者有罪，並做出了這樣的結論：「不能因為現在沒有用科學來驗證的研究方法，就認為被害者對於經歷創傷事件所留下的記憶是不足以信賴的。」看起來是因為被害者們所陳述的創傷記憶片段相當雷同的這一點被重視的緣故，可以說就算科學沒辦法證實，該法庭上仍更看重「只要不碰觸恐懼而痛苦的記憶，那段記憶就不會起變化」的假說。

PS

以此推論，如果能戰勝恐懼和痛苦，「能夠碰觸記憶、把它好好說出口，並能對抗那份記憶的負面能量，那麼我們的記憶又能再次被改變。」這個假說就是現代創傷治療的基礎。

人類的記憶體制

　　第一個提出一般記憶和創傷記憶不同的人，是法國知名的精神科醫師皮埃爾‧讓內，在距今約一百三十多年前，這位近乎先知的精神科醫師在與患者面談時，細膩地發現了人類所擁有的記憶二重體制，並指出有兩種截然不同的記憶。

　　他說一般記憶本質上是社會化，也就是說，人際關係中為了達成某種目的而說出口的是一般記憶。我們在訴說自己的主張、想說服其他人或者為了證明自己是對的時候，會說出一般記憶。就因為這樣，一般記憶並不能將事實正確且客觀地反應出來，而為了將人主觀認定的重要部分用有效率的方式傳達出來，一般記憶會因話者的不同而變型，隨著時間的過去，一般記憶越是被反覆訴說，越是演變出精巧且靈活融合的特性。儘管一般記憶已經變型成與事實不同的模樣，但一般記憶也可以說是時間概念上非常明確、前後脈絡并然有序的故事。

　　與之不同的是創傷記憶，它並不是整合過的故事，我們可以稱它是沒有被整理過的記憶片段，而正因為它沒有被整理過而散亂不堪，創傷記憶自然也沒有時間概念，前後脈絡也很模糊，它不具特別的目的，也一點也不社會化，所以比起被冷靜地呈現出

一邊吃著爆米花，一邊療著傷

來，創傷記憶多半是透過濃烈的情緒、體感或是畫面等毫無根據的形象被展現，像是毫無理由地因為恐懼而顫抖，或是突如其來爆發出憤怒，沒辦法有條理地說出自己的主張，也沒辦法語氣柔和地說服其他人，更別說有憑有據地證明自己是對的。但創傷記憶其實也不是完全沒有目的性，它還是有著「從危險中逃生」這種永遠不變地發出緊張信號的唯一目標。

　　一百三十年前的皮埃爾並不知道為什麼這兩種記憶會產生這樣的差異，而近代神經學家則逐漸發現創傷記憶和一般記憶不同的原因在於，人體處於無法克服的心理創傷下會分泌壓力賀爾蒙（特別是去甲腎上腺素〔norepinephrine〕），如果某種情境是非常危險、令人不安、具威脅性以及看起來讓人痛苦的，那麼我們腦內應付這些狀況的壓力賀爾蒙就會急遽分泌，這之中特別是正腎上腺素會被大量分泌出來，這時包含著強烈恐懼和擔憂的創傷記憶就出現了，而這樣誕生的創傷記憶只要在未來接收到類似的刺激就會原封不動地被啟動，所以很多因創傷而受苦的人才會說隨著時間的推移，當時的記憶反而更加鮮明。不過這種痛苦也會在超出某種臨界值之後開始停止，甚至完全不會再出現這段記憶，因為不能承受創傷記憶的痛苦，於是記憶便被解離了，這或許和腦內具有麻藥作用的內源性鴉片（endogenous opioid）有關。

雖然皮埃爾‧讓內的發現至今已走過一百多年的歲月，但人們對於記憶的研究至今仍在延續，最終在這些研究的努力之下，將能夠更有效率地幫助受記憶所苦的人。

一邊吃著爆米花，一邊療著傷

《音躍花都》（Attila Marcel）

導演　西拉維‧休曼（Sylvain Chomet）◆法國◆2013
主演　吉約姆‧古依（Guillaume Gouix）、
　　　安勒妮（Anne Le Ny）

記憶統合之後
會產生新的故事

「人生際遇有好有壞，但不管發生什麼事，那些都是過去的事了，現在你必須從過去中解放出來。」

——電影《音躍花都》

雖然電影《音躍花都》是以柔和風格為主調、宛若童話般的電影，但就精神科醫師的立場來說，它也是一部充分運用隱喻手法將記憶、解離、催眠、治療的過程呈現給大眾看的電影，非常精彩。

「記憶很類似某種藥局或是實驗室，隨便伸出手可能會抓到鎮靜劑，也可能拿到毒藥。」馬塞爾·普魯斯特（Marcel Proust）在《追憶似水年華》這本小說中一段魔幻文字點綴了電影的第一個場面，實際上這句話也很充分地說明了記憶的本質，就像藥局裡塞滿的各種藥一樣，我們的腦裡塞滿了我們出生至今所經歷的各種記憶片段，有很多好的記憶碎片，例如：小時候媽媽煮給我們吃的味噌湯在室內飄香、爸爸心情好的時候哼唱的歌聲、童子軍時期參加露營看到的營地火光等等。這些被視為美好片段的記憶對我們來說就像鎮定劑一樣，服用下去就能帶來安定和開心的感覺；而那些不好的記憶片段，像是：小時候一個人被關在電梯裡感受到的焦急、醉酒的爸爸朝自己走來時那皮鞋的匡匡聲、不管怎麼努力就是升不上去的數學分數、爸爸嘲笑自己是全家最醜的成員時，那毫不掩飾的訕笑聲……這些不好的記憶會讓我們感到傷心、不安，甚至憤怒，而我們的人生色調說不定就依照這些記憶調和的方式而有所不同。

●●· 選擇記憶的方程式 ·●●

　　然而普魯斯特的句子裡有一個部分讓人有些納悶：我們大概不會「隨便伸手抓取」記憶拿來調配，我們的腦為了讓人能夠在險惡的世界上存活，無論如何都要能因時制宜，大多時候會盡量選擇能夠幫助我們活下去的那些鎮靜劑般的記憶片段；至於那些充滿恐懼和不安的毒藥記憶則是盡可能被推到意識的深處，丟到無意識的深淵裡埋藏起來，最好是連那些記憶的存在都被遺忘，人們才能適應現實，也比較容易能夠繼續走下去。換句話說，我們會出於本能地將那些想起來比較好的記憶和那些絕對不能被回想起來地記憶分離開來，分別儲存在不同的地方，並充分有意地進行記憶的選擇和調配，我們並不會毫無主張地「隨便伸手」取出記憶，只是無論我們如何有意地選擇和調配，問題仍在於那些藏得好好的負面記憶碎片不會乖乖待著，反而會任性地試圖從無意識中跑進意識裡來。

●●· 重新找回記憶片段的過程 ·●●

　　《音躍花都》的整體劇情主要是用隱喻的方式來呈現創傷治療的過程。主角保羅是三十三歲的鋼琴師，小時候失親的衝擊讓他不會開口說話，也沒辦法與人往來，他每天晚上都被噩夢纏

身，也似乎是因為童年太過劇烈的刺激造成他精神上的發展幾乎完全停滯，他在兩個把他當作小孩對待的阿姨保護下一直活得相當軟弱無力。在兩個阿姨的強迫下，保羅每年都會參加鋼琴大賽，卻總是和獎項無緣，於是保羅只能終日在阿姨經營的舞蹈教室頹廢地幫忙伴奏，簡單來說就是一個寄人籬下沒有作用的存在。某天保羅偶然來到了同棟大樓的四樓——鄰居普魯斯特女士的家，在這個公寓的房間裡竟隱藏著一個神祕的庭園，而這個神祕的庭園就是普魯斯特女士的記憶治療室。保羅吃了普魯斯特女士給的瑪德蓮和茶之後就自然進入催眠的狀態，並慢慢回想起那些長時間深藏在無意識的世界裡而被遺忘的記憶片段：美麗的母親對自己微笑的記憶讓保羅笑了、莫名看起來很粗魯又只會大吼的爸爸則讓保羅緊張地起了滿身大汗。好玩的是隨著那些完全被遺忘的回憶一個個被想起，保羅才終於知道其實以前爸媽彼此深愛著彼此，也同時溫暖地愛著自己，所以不知道為什麼當那些因為看似可怕又難以面對而被壓抑住的記憶一一浮現時，對保羅來說卻意外的都是美好的回憶。

　　隨著過去的記憶片段一點一滴被想起，保羅的生命也慢慢起了變化。其實這也不意外，這些都是當那些被硬是壓抑的無意識記憶回到意識裡來、經過處理後自然發生的現象。保羅開始交

一邊吃著爆米花，一邊療著傷

起女朋友，也不再做噩夢，甚至不再聽從阿姨們強迫的話，只是儘管有了這些正面的改變，阿姨們對於保羅不再唯唯諾諾的行為卻感到驚訝和不安，最後阿姨們將箭頭指向普魯斯特女士，她們奇襲了普魯斯特女士的家，攻擊吵鬧了一番，甚至想把她趕出公寓。其實這也是臨床上治療青少年時常常會發生的事，當過去看人臉色、畏畏縮縮的孩子們透過治療而稍稍獲得一些自信心，開始想做出獨立且為了自己好的行動時，意外的是很多父母其實都不怎麼歡迎，反而會把這種理所當然要發生的變化和成長，當成是負面的脫序或反抗行為，並要求孩子們要像以前一樣遵從自己所說的話，甚至怪罪治療者誘導了這些不必要的變化。

●●• 統合記憶的正向功能 •●●

　　離開普魯斯特女士而再次孑然一身的保羅為了安撫自己空虛的心靈，他大口吃了很多普魯斯特女士給的瑪德蓮和茶（這裡我們可以看成是過度服藥），再次陷入催眠狀態，但這次他偏偏想起了最核心的創傷記憶，也就是才兩歲的自己，眼睜睜看著臉上帶著笑、快樂地跳著舞的爸爸媽媽在一個突發事故裡喪生了。像保羅這樣在還不會說話的嬰兒時期就遭遇的心理陰影我們稱作「語言前創傷（pre-verbal trauma）」，通常指的是孩子還在媽媽

肚子裡到大約三歲時所產生的心理創傷，例如：媽媽在懷孕時產生的憂鬱症和恐慌症、生產之後罹患的產後憂鬱症、孩子肚子太餓但怎麼哭媽媽就是不來餵奶、突然離開父母懷抱被送給親戚家臨時照顧的經驗等等，都可能讓孩子留下「語言前創傷」。連話都不會講的孩子在經歷突如其來的痛苦經驗時，因為沒辦法用言語記下來，於是就會記下身體的感覺或模糊的畫面和情緒。也就是說，孩子們沒辦法用言語認知該經驗的前後脈絡，只能把已經變成碎片的記憶用片段的方式保留下來。保羅的狀況也是如此，我們可以推測他因為沒辦法用語言去形容當時發生的可怕回憶，且因為深深陷入那些記憶片段裡所隱藏的惶恐和失落感中，最後才罹患了沒有辦法說話的緘默症。然而在催眠狀態裡突然面對那些無法說出口的回憶時，副作用可是一點都不小，保羅失去了理性，做出了毀滅自己的極端行動——他砸了如同自己生命般珍貴的手指。為了平息重新被喚起的那些最初的不安與恐懼，他不得不做出自殘的行為。而在進行治療童年創傷的心理諮商時，患者出現益加頻繁的自殘、試圖自殺、暴飲暴食等衝動行為也是很常見的現象。

　　人因為害怕而常常有試圖掩藏創傷記憶的習慣，這往往被稱為解離，但實際上它就是無法可想的我們所天生具備的防禦機

　　　　　　　　　　　　　　一邊吃著爆米花，一邊療著傷

制，問題就在於無論如何解離，創傷記憶卻怎麼樣也不會消失，反而越是解離越是被掩蓋，記憶在無意識的屏障下反而更隱密、執拗地對我們的意識帶來影響，所以有很多時候，我們相信是靠著自己的理性和意志所做出的決定，卻有可能被那些沒有處理就被掩埋的創傷記憶影響，並且因此產生猶疑，我們可以說戰勝恐懼、統合創傷記憶這件事就是一段形塑「我」這個人的主體性的過程。

這種過程當然一點都不容易，但儘管痛苦，如果能透過許多反覆的過程而將記憶統合性地描述出來時，像以前那樣濃烈的情緒就不會再出現了，這時候創傷事件在整段人生裡才能一步步慢慢變成一點都不重要、也不特別的事。雖說就算是這樣也不表示創傷記憶就完全消失了，只要我們還活著，我們都還是會想起來、也還是為了它傷心或生氣，但只要能夠說出口，情緒的強度就會慢慢地減弱，而透過這種統合的過程，記憶也會慢慢轉換成更實際的故事，這是因為記憶在我們每次回想時都會慢慢變成新的故事。

●●• 創傷治療的核心是連結性 •●●

到不久之前為止，治療創傷的專家之間還信奉著「想起創傷

記憶並撐過去、和這些記憶一起生活（stay with it）」這件事很重要，但近年來許多創傷專家發現比它更重要的其實是在想起創傷記憶時，身旁有人（所愛的人、家人或是信任的治療師）說出「我和你同在（stay with me）」。只有透過和重要的人的連結才能喚起我們已經被創傷記憶那種壓倒性的負面能量給麻痺的大腦資訊處理系統。甚至已經有些世界級的名家反問道：「如果不透過治療性碰觸（therapeutic touch）的連結感，怎麼從創傷的痛苦中脫離出來呢？」當然專家之間對這個理論的意見仍很分歧，但已知的是不必要的肢體接觸和治療性碰觸有著根本上的差異，請千萬不要誤會。治療性碰觸指的是強制拉住深陷創傷記憶漩渦的諮商者、讓他們返回現實之類的動作，當然不用多說，一定要在事前取得諮商者的同意後才能實施。實際上在佛洛伊德精神分析的影響之下，治療者的碰觸被視為禁忌，但在佛洛伊德以前的治療者大多數都會碰觸患者來進行治療（精神分析的核心是轉移〔transference〕現象，許多患者在接受精神分析時，會對治療者產生強烈的轉移情感，例如小時候遭受虐待的患者在進行治療的過程中轉移現象時，可能會把治療者錯當成小時候虐待自己的人而突然表現出敵對情緒；而從小沒有充分獲得父母的愛與關懷的患者，也可能突然產生討求治療者關愛的轉移現象，所以佛洛伊德

　　　　　　　　　　　　一邊吃著爆米花，一邊療著傷

才會強調治療者應盡量避免助長不必要的轉移現象，應保持中立的態度〔neutrality〕）。

幸好這部電影除了很溫馨以外，也始終沒有遺漏感人的治療過程。普魯斯特女士驟逝以後，保羅來到了她的墳前，雖然因為失落感而傷心，但他也感受到了彼此間的連結，他用普魯斯特女士彈奏過的烏克麗麗展開了新人生，遇到了摯愛也結婚生子，過起了幸福的人生。在電影的最後一幕中，保羅看著自己深愛的孩子，終於開口了，心頭一熱的保羅，開口的第一句話就是：「爸──爸──」

PS

在電影中，普魯斯特女士曾對保羅說過：「人生際遇有好有壞，但不管發生什麼事，那些都是過去的事了，現在你必須從過去解放出來。」我很希望所有受心靈創傷所苦的人，都能在心裡收藏這句話。

治療創傷記憶時需要注意的問題

　　儘管我們都有拚命掩蓋心理陰影的特性，但為了擺脫它的影響，戰勝恐懼、將創傷記憶拉到意識裡來好好面對的過程還是必要的。只不過在把記憶拉回意識裡來、加以統合創傷記憶之前，有一點需要小心——太急著取出記憶反而可能被創傷記憶凌駕，讓狀態變得更差。

　　曾經有個因為暴食症狀接受治療的患者說她有一件事很想對我說，卻一直在猶豫是否要說，我小心地問她是不是發生了什麼事，她才很小小聲地說道：原來她在十年前曾經多次被親戚哥哥性侵卻不敢跟任何人說，只能把苦往心裡吞，顧自掙扎好幾年。有一段時間她已經幾乎忘了，日子也過了好久，但最近不知道為什麼，她開始不斷回想起當時的事件，心理既是生氣又是難過，過著很痛苦的日子。我問她為什麼最近才開始經常回想起那些事件，才知道她在六個月前學校舉行的集團諮商活動中，第一次說出了自己的創傷故事，似乎也就是從那時候開始才經常回想起自己的心理陰影，而正因為在集團諮商的過程中，她反覆聽到諮商成員們說要全部說出來才能達成治療的目的，所以她也不得不把自己的秘密給說了出來。就在她滿腹煎熬地說出了自己心裡的傷

一邊吃著爆米花，一邊療著傷

口並獲得其他諮商成員的安慰後，她以為一切都會好起來，殊不知在那之後反而更經常想起創傷記憶。她問我：如果把那段記憶更詳細地說給我聽，會不會就能減少想起那段記憶的頻率？

我觀察了一下她臉上的表情，她臉上顯然充滿著恐懼和焦慮，雖然她已經做好心理準備要告訴我她的過去，但就在準備開口說話之前，她整個人看起來已經被恐懼感給凌駕了。我告訴她，她現在需要的是某種強力的煞車裝置，協助她撐過說出創傷記憶之前和說完以後所帶來的的負面效應，在這個煞車裝置準備好以前，因為狀況可能變得不穩定，今天最好不要詳細描述它比較好。另外我也建議在下次諮商時間裡，我們先一起花一些時間進行架設煞車裝置的作業，聽到這話的她表情終於放鬆了下來，愉快地接受了我的提案。

在白紙上寫下過去不喜歡的心靈傷口後撕毀燒掉、對曾經歷過類似傷害的人講出自己不曾對任何人說出的秘密、用圖畫展現那些因為太害怕而無法說出來的事件然後再用黑筆全部塗掉、套用電視劇療法將無法對加害者發洩的憤怒宣洩在沒有人坐的椅子上、專注在創傷記憶上進行瞳孔運動的 EMDR 治療法……等等，很多治療心理創傷的方法已經被發明了出來，而各式治療方法的共同點就是試圖把被埋藏在意識底層的創傷記憶拉到意識的表

面，可以說是「揭露治療」的一種。就像當我們以為眼前的狗很兇時，害怕得連頭都不敢抬，好不容易鼓起勇氣觀察而發現眼前的狗其實比想像的還溫馴時，這種反覆揭示的過程對減少恐懼有一定的效果；然而如果我們再仔細看幾眼，卻還是覺得那隻狗真的很巨大又很兇，甚至發現牠就是以前曾經莫名其妙咬了我的手的狗，那麼再次看到狗時的恐懼和驚慌感會變得怎麼樣呢？這時候用常識想也大概知道恐懼和驚慌別說會減少，可能還會擴充幾倍、讓人完全被震懾住。

於是把記憶的傷口寫在日記本以後，過去非常憤恨的記憶還是可能再次回到腦海並激起連日來的悲鳴；把自己的傷口說給有類似陰影的人聽以後，反而被噩夢纏身；想像椅子是加害者而用報紙拼命狂打後反而經常因為一點小事對身邊的人動怒、破壞了人際關係⋯⋯這些狀況所在多有，這都是因為創傷記憶裡所充斥的強烈恐懼和痛苦穿透了意識的表面，把人的心弄得更加混亂所致。

如果想要戰勝那隻壯碩的狗咬過我的恐懼而再次睜眼看牠，那麼我必須要穿上連牠尖銳的牙齒都咬不穿的盔甲，手上還要拿著一隻粗大的狼牙棒才行。而想要再次想起深藏在心靈某處的創傷回憶時也是，必須要先準備好能夠安全保護好自己的堅固盔甲

一邊吃著爆米花，一邊療著傷

和狼牙棒，以及能在身邊給我們帶來力量和安慰的同伴、家人朋友或是治療師。

　　如果還沒有做這些準備，就不太需要急著把這些創傷記憶給說出來。至於為什麼不能急著取出這些記憶的原因，我想在電影《音躍花都》裡，手指折斷的保羅應該也已經好好告訴我們了。

《黑暗騎士》（The Dark Knight）

導演　克里斯多福・諾蘭（Christopher Nolan）　◆美國 ◆ 2008
主演　克里斯汀・貝爾（Christian Bale）
　　　希斯・萊傑（Heath Ledger）

為什麼有些人比其他人
容易感到痛苦？

「心理創傷比我們所想像的留下更多後遺症。首先是留在身體上的後遺症會
帶來各種症狀，這些症狀使得人生更加辛苦；再來是心理上的後遺症將會支
配我們的人生。」

　　　　　　　　──《從創傷中痊癒》（Healing from Trauma），
　　　　　　　　　　　賈斯敏・李・柯里（Jasmin Lee Cori）

克里斯多福‧諾蘭導演的電影《黑暗騎士》不僅是一部動作大片，電影完成度也很高，因此獲得大眾和電影評論家的盛譽，這部片最引人入勝的地方在於明明蝙蝠俠才是正義的主角，但作為反派的小丑卻展現了奇妙的魅力，更加引人注目，當然我們可以說這是基於飾演小丑的名演員希斯‧萊傑展現了傑出的演技，他完美詮釋了似瘋似狂的小丑角色，還因此橫掃世界各大電影節的最佳男配角獎。在那之後總是被人當作配角的小丑角色一躍而上成了主角，還因此催生了《小丑》這部電影，更進一步挖掘小丑的內心世界。然而究竟是因為什麼原因，才讓人們被詭譎又相貌醜陋的狂人小丑給吸引呢？

　　或許是因為在電影裡面小丑與其說是一個卑鄙又惡毒的反派，反而讓人覺得他是一個篤信個人哲學、充滿魅力的反派吧。小丑看上去並不執著眼前堆滿的大量財物，在兇惡的幫派前面毫不退縮，即使被蝙蝠俠抓著倒吊在摩天大樓上時，他還能譏諷蝙蝠俠空有陳腐的正義感和道德心，他宣揚著自己那一套關於人在死亡的恐懼前只能變得軟弱之類的狗屁哲學，講得好像是真的。

　　沒有什麼東西能讓小丑感到害怕，不，他就像個已經完全喪失恐懼這種概念、性格獨特的人，所以才對一切不抱遲疑也沒有什麼顧忌，在任何時候都不緊張或害怕，他看上去只關心如何把

恐懼傳染給世人，並在人們被恐懼駕馭的同時操控和支配人們。電影裡面的小丑就是以絲毫感受不到恐懼的恐懼散播者自處，他把所謂的恐懼心理從自己的意識裡解離了，假裝自己是無法感受到這類情緒的人……不，是假裝自己幾乎沒有恐懼這種情緒，無論到哪都掛著一張畫好的笑臉。

●●• 童年時期留下的創傷會起什麼作用呢？ •●●

　　大部分的解離都是一種防禦機制，防止小時候遭受恐怖身體虐待、性虐等事故的恐怖回憶再次浮現在孩童的意識裡。電影裡也稍微帶過了小丑在幼年時期留下強烈心理陰影的橋段：當小丑的父親喝醉酒對母親施暴時，年紀還小的小丑躲在旁邊發抖和哭泣，這時爸爸突然威脅他：「哭得煩死人了！快點給我笑！」心生恐懼的小丑一時忍不住淚水，抽噎著，這時小丑的父親竟拿起一把尖銳的刀把小丑的嘴給劃開了，要他一直掛著微笑的表情才把嘴劃開的，小丑的父親就是一個如此殘忍、惡魔般的存在。

　　當時小丑所感受到的惶恐究竟有多強烈呢？年紀還小的小丑在強烈的恐懼下又到底能做些什麼呢？年幼的小丑在逃也逃不走、無法拚搏的狀況下一動也不動地承受了一切，昏倒、精神失常就成了他最好的防禦手段，只有這樣才有辦法從無法忍受的恐

懼和痛苦稍稍脫身。年幼的小丑長大成人以後應該已經不太記得當時的事件和當時害怕的感覺，因為當時的記憶幾乎都已經被解離了，於是感受不到害怕卻能讓周邊的人陷入恐懼、並以此為樂的人格，隨著成長的過程來到小丑意識裡的前緣，如今人格轉換過的小丑，猛一看就是個不知何以為懼、不受拘束的自由靈魂。

另一方面，這部電影的主角蝙蝠俠在內心深處也有著和小丑全然不同型態的心理創傷。在富裕且性格和善溫暖的雙親膝下長大的蝙蝠俠，有天自己玩時，不小心掉進了很深的井水裡，不管他怎麼高聲跟爸媽呼救，急迫的聲音卻一直沒有傳到爸媽的耳裡，他在井裡打滾了一整天，好不容易才在天快全黑前從井裡爬了出來。當他看到自己身上到處嗑出的瘀青時，怕爸媽會操心就沒有告訴他們自己掉進井裡的事，等受到驚嚇的情緒稍微平穩後就上床睡覺了，之後雖然很想自己克服被關在井裡的陰影，但當時的恐懼和害怕並沒有那麼快就消失。

就這麼過了一段不安又憂鬱的日子後，擔心兒子的父母看到他低落的模樣，為了安慰他憂鬱的情緒便帶著他上劇場看戲，只是就在這天，意想不到的事件發生了。在黑暗的劇場裡看著表演的孩子突然恐慌症發作，原來是那種在黑暗的劇場裡坐著、心悶的感覺成了促發在井中受困感觸的導火線（trigger）。雖然演出還

在繼續，但實在受不了的孩子還是央求爸爸趕快帶自己出去。其實如果父親稍微嚴格一點，可能會要他忍到表演結束之後再走，但慈祥的爸爸終究關心自己的孩子，很快就拉著他的手出去了。正當一家人從劇場後門出來準備回家時，好巧不巧在後門遇到了一群強盜，拿著槍威脅他們拿錢包出來。爸爸二話不說就拿出了皮夾，畢竟對他來說家人的安全還是最重要的，只是那群強盜一開始就沒有要放過他們的慈悲心，一拿到皮夾就開槍射殺了蝙蝠俠的父母，就在準備對嚇得動也不動的蝙蝠俠開槍時，遠方傳來了警察車的巡邏聲，這才讓他保住小命。但僥倖活下來的孩子應該一生都懷抱著抹不去的傷口了，痛失父母的失落感雖然強烈，但他最無法忘懷的是自己是害死爸媽的人——如果演出途中不吵著要離開，爸媽大概就不會死了——這份罪惡感伴隨著他長大成人，為了彌補，他最後成了懲兇除惡、保護弱勢的正義使者蝙蝠俠，然而他也註定成為懷抱這份傷痛陰影活著、甚至必須放棄摯愛的孤獨英雄。

●●● 決定創傷後人生的要素 ●●●

小丑和蝙蝠俠，兩個人都曾經歷過普通人無法想像的特殊創傷，卻演變成完全相反的人格，一個成了試圖用暴力散布恐懼來

加以支配世人的角色，另一個卻變成了保護世人遠離暴力和恐怖的黑暗騎士 Dark Knight。為什麼在這兩個人身上會發生截然不同的結果呢？這之間被什麼因素左右了呢？是受到遺傳的影響嗎？還是被生長環境感染了呢？如果是生長環境，那麼又是什麼帶來了這麼強烈的影響？貧窮？青少年時期的徬徨？人際關係？學習能力？決定兩人生涯方向的因素應該多得數不清，如果要從中選出一個影響最重大的原因，我想或許和在決定性的創傷發生之前，兩人在哪種養育者的照料中接受著什麼樣的疼愛，以及怎麼長大有關。

蝙蝠俠的身邊有自始至終都深愛兒子、努力保護孩子的爸媽，他應該已經體驗過能夠治療創傷後遺症的安全依戀關係（secure attachment），而小丑擁有的卻是能狠心拿刀劃開兒子嘴巴的禽獸父親和在家暴下活得毫無氣力的母親，小丑看起來只經歷過讓人在創傷下更加脆弱的紊亂型依附關係（disorganized attachment）。「加害者在家庭以外還是家庭以內？」以及「是否曾經歷過安全的依附經驗？或是只曾有過不安全的依附經驗？」我們可以說這兩個問題的答案造就了蝙蝠俠和小丑在經歷心理創傷之後人生完全不同的原因。童年時期經歷過安全的依戀關係，基本上可代表一個人已經擁有控制調節情緒和身體的能力、愛護

並關照自己的能力以及信賴他人的能力，實際上這三種能力就是一個成熟的成人必須要有的重要特質，同時也可以說是克服創傷後遺症最重要的資源。

即便是在幼年時沒有機會經歷安全依戀關係也不需要感到失望，長大成人以後仍可以透過和重要他人的關係來體會安全依戀的感覺，透過關係來恢復的情況比我們想像的還常發生。

PS

因為自責而活得孤獨的蝙蝠俠雖然很可憐，但始終懷抱著對父親的恐懼和母親不在世的失落、受盡煎熬才好不容易撐下來的小丑，最終仍抵擋不了世人的藐視和戲弄，只能沉迷於運用暴力來散播恐懼，看完電影後我還是感覺小丑的人生對人類來說，實在是太過難以承受、太過殘忍了。（寫在二〇一九年看完電影《小丑》之後）

創傷形式的差異

明明經歷的是類似的心理創傷,為什麼有些人比其他人更痛苦呢?即便是遭受到同樣類型的創傷事件,我們都會有不同的反應,而造成這個差異的原因大體上可以列出以下三點:事件本身的因素、個人因素、社會因素。

事件本身的因素:人們所接受到的心理創傷和天然災害之類所帶來的創傷相比,往往會引發更嚴重的創傷後壓力症候群(PTSD:Post Traumatic Stress Disorder)症狀,換句話說,性侵害、肢體暴力、強盜、拷問等創傷比起颱風或地震帶來的創傷留下更深的後遺症。比起不認識的人,熟人、曾經信任過的人、深愛的人所帶來的傷口會留下更深的背叛感和不信任的後遺症。從這個角度來說,童年時期家長所施加的虐待和遺棄都算是足以留下嚴重創傷後遺症的事件,特別是越沒辦法預測的傷害、創傷本身越是殘酷的、越常重複發生的、對生命帶來的威脅越強的創傷,它們留下的後遺症會越嚴重。

個人因素:年紀輕相較於年紀長的;女性相較於男性;窮人相較於富人……弱勢者在創傷之前會更為脆弱,社會和經濟面下的弱勢很難補足應付創傷時需要的各種正面支持,過去已經因為

其他創傷而千瘡百孔的人，在面對眼前發生的事件時往往會出現更嚴重的反應。其他像是個人的遺傳性傾向、成長背景、平時的性格等等也都會大大影響一個人面對創傷時所產生的態度，而實際上根據每個人在創傷事件當下採取的應對方式不同，也會為創傷後遺症帶來重要的影響。例如在強盜面前死活也要做些什麼來抵抗而扭傷手的情況，就和被刀威脅怕得動也不敢動是兩種截然不同型態的反應，前者代表體會到更多激動和憤怒的情緒；後者則是身體完全被震懾住而陷入失神的解離症狀，並且比較傾向於因為失去控制自己的統御感而感受到強烈的罪惡感。

　　社會因素：社會因素會對創傷反應的最終結果帶來巨大的影響。身旁有朋友、男女朋友、配偶、家人的心理支持與安慰，則較可能減弱心理創傷所帶來的後遺症；反之，如果家庭關係中有許多衝突，或是周遭總是充滿不理解和批評的聲音，這些都會惡化心理創傷的症狀。特別是對青少年來說，如果家長的壓力程度很高，就可能會為他們的創傷症狀帶來不利的影響。（這點非常重要，建議家長要先調整自己的壓力反應再接近孩子。）除了上述所說的社會因素，社會上的弱勢群體，例如貧困、街友、性少數等也因為遭受到社會不公平的待遇，所體現的創傷症狀有易於惡化的傾向。

事件本身的因素、個人因素、社會因素這三大因素相互影響，最終決定了創傷後遺症的樣貌，因此即便是經歷類似的事件，每個人身上所顯現的痛苦症狀也將會產生不同的形態。有鑒於此，我們絕對不能忘記以下這個注意事項──不要對受到心理創傷折磨的人說：「別人都能克服，你為什麼不可以？」身受痛苦的人也沒有必要內疚地對自己說：「別人都能跨過去，為什麼只有我就是這麼糟、沒辦法撐過去？」

《深刻入骨》（To the Bone）

導演　馬蒂‧諾克森（Marti Noxon）　◆美國◆2017
主演　莉莉‧柯林斯（Lily Collins）
　　　基努‧李維（Keanu Reeves）

精神與肉體的相對關係

「儘管大多數的偏差行為都沒有效益，但它某部分來說還是人為了解決問題
所消耗的血淚。例如自殺是為了遺忘痛苦的情緒所採取的手段、自殘衝動則
是一種處罰自己的方法或是復仇表現，減肥和暴食也都是如此。減肥會給人
控制、統御的感覺，並帶來自信和成就感，暴食則給人自我安慰、舒緩緊張
的感受，問題只在於這些行動真的非常無效。」

──安德魯‧舒伯特（Andrew Seubert），美國 EMDR 治療師

　　　　　　　　　　　　　　　一邊吃著爆米花，一邊療著傷

我除了是一名心理創傷專家，其實也是飲食障礙的專業，我在一九九五年第一次開了飲食障礙的門診，當時最盛行的治療方法是認知行為治療，所謂的認知行為治療就是透過修正患者被扭曲的思緒和行為藉以解緩症狀的治療方法，至今仍是飲食障礙治療裡頭相當重要的部門，然而問題在於這個已經被科學證實效果相當顯著的治療方法，對症狀較嚴重的飲食障礙卻沒有辦法產生多大的治療效果。為什麼病人總是好不了呢？為了解開心中的好奇和煩悶，我不得不慢慢往外拓展我所關心的研究領域，過程中偶然得知主要創傷治療法中的 EMDR 治療法（EMDR, Eye Movement Desensitization and Reprocessing 眼動脫敏再處理療法）[1]，也因此恍然大悟，原來嚴重的減肥、暴飲暴食以及一直反覆治療都好不了的患者背後，並不是只有單純的飲食障礙問題，當我們深究其背景時便會發現裡頭隱藏著強烈羞愧心、自卑感和孤獨情緒，而這些都和童年時期遭受的創傷有著非常密切的關聯，因此我們說飲食障礙是心理創傷的熔爐也不為過，只是即便是身為當事人的飲食障礙患者，恐怕也沒辦法將自己的暴食、厭食症狀和創傷作聯想。

---

1 譯註：EMDR，另有譯名為：眼動身心重建法。

●●● 創傷所隱藏的事實 ●●●

　　現代社會多半很關心男女的外貌，很多人放不下自己的外表而對減肥和運動格外執著，有時也會突然暴飲暴食，但如果內心沒有嚴重的自卑感和追求完美的自尊心，一般人大多只是適當的減肥、適當的飲食、適當的不滿意現況繼續活下去，並不會演變成減肥過度造成體重過輕而停經的極端症狀，也不太常發生足以影響日常生活的暴食、催吐狀況。相較之下那些症狀已經嚴重到能夠被診斷為飲食障礙的患者，除了表徵上明顯看得出的飲食疾患以外，內心往往還潛藏著某種急迫感，也就是說，飲食障礙的極端症狀只是冰山一角，冰山的本體很可能是非常負面的信念，例如：「我是沒有價值的人」、「我是丟臉的存在」、「只要沒辦法完美，我就沒有活下去的價值」，在那背後還隱藏著創造這些信念的童年陰影。

　　我曾經遇過一個在多家精神科診所打轉十多年最後才來醫院報到的暴食症患者，這個患者的第一個症狀是在高中二年級時開始出現的幻聽（準確來說是內心的聲音）──「你是白癡」、「怎麼什麼都做不好？」「你好丟臉！」聽到這些話的她逐漸失去自信，也日益憂鬱，只要抵擋不過憂鬱就會拿刀往自己手腕劃。接著她又基於體重再輕一點就能找回自信心的念頭而開始執行非常

嚴格的減肥，緊跟在後的則是暴食症狀。但令人驚訝的是經歷這一切後，她的幻聽症狀居然減少了，這似乎表示她對減肥的擔憂和暴食的症狀起了抵擋自我批評的盾牌效果，只是一旦她開始加入同好會參與感興趣的活動，或是交男朋友讓心情變好之後，減肥和暴食狀況雖然消失了，但她竟更常聽到自我批判的聲音了。

原來這個原因不明的幻聽和暴食症狀源自於童年時期，這名患者從小時候開始就經常毫無理由地遭到爸爸和爺爺嚴厲的言語攻擊和暴力，這屬於非常明確的童年創傷。她耳裡所聽到的自我批判聲就是來自小時候最常從爸爸和爺爺那裡聽到的話，神奇的是只要她和男友分手又陷入瘋狂減肥的狀態，幻聽就又消失了，也就是說減肥在她的內心扮演著能夠阻斷自我批判聲的耳塞角色。

●●• 阻擋不了的疾病——飲食障礙 •●●

在二〇一七年製作的電影《深刻入骨》（To the Bone）中，主角是一名罹患厭食症的二十歲女性艾倫。艾倫還是堅決不吃東西，即便身體已經枯瘦到幾乎只剩皮包骨，不，更精確地說，她雖然也非常想吃東西，卻因為非常害怕體重增加而食不下嚥。艾倫自己量手腕粗細估算體重，也為了多消耗一點卡路里拚命做仰臥起坐，做到背都起了一片瘀青；她不停批評自己、虐待自己，

看上去就好像她覺得自己承受痛苦才是正確的。電影前半段相當寫實地描繪出了罹患厭食症的主角，以及她毫不掩飾的症狀和獨特的思考方式，不過倒是沒有仔細敘述艾倫罹患厭食症的原因，只稍稍帶過了艾倫的背景——父母離異，她和同住的後母不親使得家庭關係並不和睦，曾有個女孩看了艾倫的畫作後自殺的事讓她懷抱著很深的自責……。光從這些理由要說明艾倫身上不容易理解的厭食症狀或許還稍嫌不足，但其實除了厭食症以外，大部分的疾病乃至於癌症都常常找不出明確的發病原因，因為這些疾病往往是錯雜了遺傳、心理、家庭、社會等多項因素才導致發病。

　　儘管艾倫已經長時間接受治療，厭食的症狀卻是不減反增，在後母的推薦之下她找上了知名的醫師接受治療，並住進了他所經營的自癒療養院，這是艾倫和其他處境類似的飲食疾病患者一起生活的地方，他們平常一起用餐交流，一起接受團體治療，艾倫在那裡也遇上了一個原本在跳芭蕾舞、但在膝蓋受傷後不幸罹患厭食症的男子。

　　雖然飲食障礙多半被認為是女生才有的疾病，但其實男性也可能罹患厭食和暴食症。男性的飲食障礙患者有可能是在小時候因為肥胖嚴格減肥最後引發飲食障礙，而就算沒有沉迷於減肥，也有男生可能反倒過度沉浸在運動上，或是在參軍等團體生活中體重極

一邊吃著爆米花，一邊療著傷

端性的下降，最後產生飲食障礙。雖然感覺上艾倫和這個男子之間也不知不覺產生了一些曖昧情愫，但可惜的是這些正向的經驗對於增加她的體重還是沒有多大的幫助，更重要的是艾倫也沒辦法忍受異性慢慢靠近自己、建立起親密情感的這件事，也許是因為她打從一開始就相信自己沒有從任何人身上獲得愛與關心的資格，所以反而會懷疑那些接近自己並表現出好感的人，她甚至會築起一道牆不讓那些人靠近，偶爾也會試圖用傷害別人的方式把人給推開。

　　儘管艾倫的爸爸不能前來參加艾倫的家族治療會（其實直到電影尾聲，艾倫的爸爸都沒出現過），艾倫的後母以及同父異母的妹妹、親生母親和母親的伴侶等人都還是一同參加了艾倫的家族治療，只是這場治療最後也只淪為成員間急著轉嫁責任的活動，對艾倫來說一點也不是安慰。挫折的艾倫和精神科醫師進行了諮商，醫生也算是相當大膽，他決定在已經很厭煩的艾倫身上賭一把，他滿腹真心地對艾倫說：「別像個膽小鬼一樣在後面躲著，像妳那樣過日子在這世界上是什麼都得不到的。不要期待有人會突然出來幫妳，再怎麼難也應該自己去闖一闖，妳真的應該要自己堅強起來。」我雖然也真的很想對患者說這些話，但因為知道再好的話對那些沒有做好心理準備的患者來說還是聽不進去的，所以總是非常克制，不過電影中這位看似魯莽的精神科醫師

卻也真的是對艾倫說了非常多好話。我們可以這麼比喻勸一個厭食症患者進食的感覺：那就好像對著一個緊抓著一個救生圈在太平洋正中心喊救命的人說救生員會乘船來到你前方一百公尺，只要你把手上的救生圈放掉游過來我們就救你一樣，是一件非常荒謬的事。當然就像這樣，最後憤怒的艾倫只是朝著醫生噴了句：「你去死吧！」就氣得離開了療養院。

●●● 在母親懷抱裡得到的理解和愛 ●●●

離開療養院後，艾倫因為體力透支跟跟蹌蹌地找到了住在鄉下農場的媽媽，也不知道是不是懷著在死之前要看看媽媽的心情才去的。好久不見的母女兩人尷尬地度過了用餐時間後，她帶著艾倫到了都市人做農村體驗時住的帳篷。看到這時候我忍不住猜想電影大概會結束在母女兩人相擁入睡的畫面吧，但電影的想像力實在大大超越了我通俗的預感，反而開展得更遠了。首先是媽媽開始陳述起自己如何在生出艾倫之後罹患產後憂鬱症而沒辦法經常抱她、常常都把她一人丟著的往事，之後又突然提議：「就算是現在也好，希望還可以在奶瓶裡裝牛奶餵妳喝。」艾倫因為這個提議來得太突然而尷尬不已，猶豫著說會再想想看，但此時媽媽卻滿懷真心地說：「如果妳一心求死，我也會接受，因為媽媽愛妳。」

一邊吃著爆米花，一邊療著傷

這句話代表著她將放下一切完全接受自己的意思，聽了這話的艾倫不知道是不是回心轉意了，便要媽媽餵奶給她喝，於是媽媽懷裡抱著已經長大成人的女兒，就像懷抱著嬰兒一樣用奶瓶餵了奶，還唱了催眠曲給她聽。這時畫面慢慢推遠，可以看到整個帳篷的樣子，那帳篷的樣子看起來就像媽媽的子宮一樣。

老實說看到這神奇的一幕時我的眼裡正含著淚水，因為雖然很抽象，但我總覺得這一幕正好傳達出厭食症這個無法理解的疾病所告訴我們的人生核心真理。不管病因是什麼，如果要厭食症患者拿出進食的勇氣、接受體重增加的勇氣，要讓他們卸下防禦網去面對內心的恐慌和擔憂，那就需要某個人給出絕對的理解和愛。一個人必須要徹底體會安穩的關懷和心靈的連結才能脫離要去死還是去活這種戰爭般的生存模式，並慢慢轉換成思考「接下來要往哪裡去？」「要追求什麼才好？」這種指向生命意義的成長模式，我想應該每個人都是如此。

PS

我有時候會和患者和患者的照顧者一起看這部電影的結局，在這大約五分鐘的時間裡患者哭，照顧者也跟著哭，我則會偷偷把目光轉向天花板。

左右人生健康的創傷——ACE 研究

　　一九八〇年時在美國聖地牙哥經營肥胖門診的內科醫師文森・費里提（Vincent Felitti）博士，從一個罹患嚴重暴食症的患者背景紀錄中，意外發現他曾在小時候遭受虐待等家庭問題，雖然曾經努力減重成功但實在忍不住大吃大喝的慾望，體重很快就回到原樣。費里提博士在和這名患者諮商時有過嚇壞他的經驗，當他問：「什麼時候有了第一次性關係呢？」這名患者答道：「體重還在十八公斤的時候。」聽了這話的博士因為太過震驚又再確認了一次，患者才解釋道：「我說的是體重還在十八公斤的四歲那時候，對方是我爸。」

　　此後費里提博士在和其他兩百八十多位患者諮商時，才得知大多數的病患在小時候曾遭受虐待、放置不管、性侵害等創傷。至於童年時期的創傷和肥胖究竟有什麼關聯呢？苦惱好一陣子的費里提最後發現小時候有過心理陰影的孩子們，會用暴飲暴食當作手段來解決不安、孤單、憂鬱、自責等情緒問題，並一路延伸到長大成人時（這被稱為情緒性暴食〔emotional eating〕）。也就是說費里堤博士身為善於解決肥胖問題的內科醫師，竟發現了當時連精神科醫師都不了解的精神醫學問題——原來病因老早就存

一邊吃著爆米花，一邊療著傷

在於肥胖患者的心裡。

　　費里提博士整理了這些資料並在肥胖研究學會上發表了研究結果，他和在場的醫師同袍們作了以下的分享：在肥胖這種威脅許多成人生理健康的問題背後，往往隱藏著童年時期的心理創傷所帶來的不安、恐慌、羞愧等精神性問題。然而出乎意料的是，當時席上大部分的醫生同袍卻對費里提博士發表的內容嗤之以鼻，還大肆批判了一番，理由是大多數人認為造成肥胖的原因千奇百怪，他怎麼可以對病患所說的話不打折扣就聽進去了，並且還去認同那些懶散又愛怪東怪西的人所說的肥胖藉口和狡辯。

　　幸好席上有一位對費里提的研究產生興趣的科學家，他建議擴大幾百倍研究對象的範圍來提升研究結果的客觀性。於是費里提在接受了這個提案之後，為了進行更廣泛的研究，便不只針對肥胖中心的病患，還另外納入了來做健康檢查的訪客作為研究對象一起分析，最後總共針對了一萬七千名對象分析其童年時期的負面經驗和身體、精神健康之間的關聯。

　　通過這些過程被創造出來的 ACE 研究（童年負面經驗〔Adverse Childhood Experiences〕[1]）首先將兒童時期的負面經驗定

---

1 譯註：Adverse Childhood Experiences──ACEs，又可譯作「兒童期負面經驗」、童年期創傷經驗、童年逆境經驗，並將這項測驗量表稱作為「童年經驗量表」，本書會盡量忠於原作用語，將其譯作「童年負面經驗」。

為以下十類：（1）心理層面虐待（2）身體虐待（3）性虐待（4）情緒性遺棄（5）物理性遺棄（6）家人濫用藥物和酒精成癮（7）父母分居或離婚（8）家人的精神疾病（9）家內暴力（10）家人的犯罪行為。這其中的前五項主要是詢問答題者本身的童年經驗，也就是確認當事人是否曾遭受自己的父母所施加的嚴重言語或身體暴力、曾經被放置不管不被人照顧，或是有沒有得到妥善的關懷和愛護的項目等等，其餘五題則是詢問受試者家族成員過去背景的項目——包含父母親是否已離婚或分居、是否曾在夫妻吵架時使用暴力、是否因為憂鬱症或酗酒等問題而長期接受醫院治療、是否曾經去過監獄受刑、或是是否曾試圖自殺等相關項目。費里提博士盡量讓研究參與者自行針對童年時期的負面經歷打分數，他再透過受試者童年時期遭遇逆境的程度——也就是 ACE 的分數高低——來進行追蹤研究，加以探討童年經歷對精神生理健康的影響程度。

結果費里提博士在一九九八年發表的研究比想像的還要轟動。首先令許多人訝異的是發生在童年時期的負面經歷是經常發生的，在整體研究對象中有高達 64% 的人在童年時至少有過一件以上的負面經歷，有 40% 遭受過兩件以上，遭遇四件以上的人有 12.5%，只有不到三分之一的人回答童年時期沒經歷過什麼困難；

一邊吃著爆米花，一邊療著傷

另一個令人驚訝的結果是 ACE 分數越高，精神、生理健康受到威脅的程度也成正比，也就是說，ACE 分數越高的人，先別說罹患憂鬱症、自殺意圖、酒精中毒等精神層面問題，還多患有高血壓、糖尿病、心臟疾患、腦中風等慢性生理疾病，如果 ACE 分數有四分以上，則體重過重及肥胖的機率便會升高兩倍，吸菸和罹癌的機率也是兩倍。另外和 ACE 分數為零的人相比，ACE 分數在四分以上的人罹患憂鬱症的機率將近 4.6 倍，養成酗酒習慣（酒精中毒）的機率為 5.5 倍，被診斷為學習及行為障礙的可能性更高達 32.6 倍之多。結論是 ACE 分數越高，無論理由為何，大致上人生會比較不幸、壽命縮短的可能性也相對比較高。

　　ACE 的研究結果所傳達的重點在於不要輕忽童年負面經驗的影響，在這個時期所發生的負面經驗被認為會為孩子們帶來毒性很強的壓力反應，而強烈的壓力反應將對成長中孩子的細胞帶來直接的傷害。我們細胞裡的 DNA 染色體末端中有一段被稱為端粒（telomere）的結構，它具有保護 DNA 不受衝擊的保險桿效果。端粒會隨著年紀的增長自然縮短，當慢性壓力中的毒性直接攻擊端粒時，端粒就會縮短得更快，當毒性強的壓力持續存在，端粒就會越變越短，最終就會傷害到 DNA，使得罹患疾病的機率變高、更快產生老化現象。再加上存在許久的壓力會讓我們體內

的整體賀爾蒙系統陷入混亂，不僅弱化免疫力，還會全面性的妨礙大腦的健康發展，因此童年負面經驗幾乎就是人們在青少年及成年期產生無數生理疾病、情緒問題或問題行為的主謀。

　　近年來西方許多國家都認識到減少童年負面經驗的預防活動是維護精神及生理健康時的第一要務，也開始積極採取行動。除了父母以外，能最快察覺兒童是否曾經面對負面事件的角色無非是小兒科醫師、內科醫師以及托育場所的輔導員、幼兒園老師和小學教師等人，因為這些角色往往最有機會及早發現孩子正因什麼症狀所苦，例如不明原因的消化不良、氣喘、食慾低落、體重過低、暴食、學習障礙、異常憤怒、過動、睡眠障礙等等，正因為這樣，針對這些密切接觸孩童的師長們進行預防教育也是非常重要的。這件事無論強調多少次都不為過，重要的事必須多講幾次。（這麼說也讓我忍不住覺得那些正在經歷 ACE 的孩子，要見到精神科醫師還真要先跨越一道不小的門檻呀！）

一邊吃著爆米花，一邊療著傷

《搖滾愛重生》 （Love & Mercy）

導演　比爾・波拉德（Bill Pohlad）◆美國◆2014
主演　約翰・庫薩克（John Cusack）
　　　保羅・迪諾（Paul Dano）

輕率診斷的危險性

「那些在童年時期遭受虐待、遺棄等慢性創傷的人，在精神健康體系中被錯誤診斷、接受錯誤治療的事直到今天還是屢見不鮮。」

——朱蒂絲・赫曼（Judith Lewis Herman），美國精神科醫師

「精神科的診斷名稱會對個人產生重大的影響，因為治療是在診斷的基礎下進行的，錯誤的治療也可能讓患者面臨悽慘的結果。」

——貝塞爾・范德寇（Bessel Van Der Kolk），美國精神科醫師

電影《搖滾愛重生》是一部傳記電影，劇情以美國傳奇流行樂團海灘男孩（The Beach Boys）樂手布萊恩‧威爾森（Brian Douglas Wilson）的故事為主軸。海灘男孩被認為是當年為了與英國當紅樂團披頭四抗衡而被打造的流行音樂團體，他們一手捧紅了《Surfin' U.S.A.》、《Fun, Fun, Fun》、《I Get Around》、《God Only Knows》這些我們熟知的歌曲，也成為當代最受歡迎的流行團體之一。成員中的布萊恩主要擔任作詞作曲的工作，常常為了創作兼具大眾性和藝術性的歌曲獨自陷入創作的苦惱中，布萊恩在聽過披頭四的《Rubber Soul》專輯後，因對手在藝術上的突破而備受衝擊，他於是決心要做出一張足以媲美的藝術性專輯，連其他成員參與巡迴演出的期間他都獨自待在錄音室裡埋首創作，當時他完成的作品就是著名的《Pet Sounds》專輯。實際上在美國的《滾石音樂雜誌》（Rolling Stone）所選出的歷代最偉大專輯排行榜中，披頭四在一九六五年發行的《Rubber Soul》僅排行第五，海灘男孩在一九六六年發行的《Pet Sounds》位居第二，眾望所歸的第一名則是一九六七年披頭四發行的《Sgt. Pepper's Lonely Hearts Club Band》。

　　可惜的是布萊恩所創作的《Pet Sounds》專輯，在當時先別提一般大眾，連海灘男孩的成員都不太容易理解，大家給的評價是

過度追求藝術性反而曲高和寡了。雖然競爭對象披頭四的成員保羅・麥卡尼在聽了《Pet Sounds》裡的收錄曲《God Only Knows》後曾大讚「這是我人生中聽過最棒的歌！」《God Only Knows》也是電影《愛是您，愛是我》（Love Actually）中出現過的著名配樂。但不管怎麼樣，《Pet Sounds》在當時收到的反應可以說是出奇的冷淡，為了挽回這個結果，布萊恩再次埋首於創作工作，力圖打造更好的專輯，但在與日俱增的責任感和壓力重壓下，他反而沒辦法好好進行音樂創作，最後，無論是生理和心靈都日漸疲乏的他，不得不中斷創作工作。

◉●•　能從思覺失調症中痊癒嗎？　•●◉

就在這時候布萊恩開始出現奇怪的症狀，他常常聽到有人在耳邊說話，特別是批評他的聲音。其實通常在聽到患者自述這類症狀時，大多數的精神科醫師或心理學家大多會先考慮到調絃病（思覺失調[1]）的代表症狀——幻聽。而思覺失調症這類的診斷和

---

1 譯註：過去常被稱為「精神分裂症」（Schizophrenia）的心理疾病在韓國已從原本常見的「精神分裂症（정신분열증）」漢字譯名變更為「調絃症」（조현병，Attunement Disorder），以避免對此疾病的污名化。考量台灣衛生福利部在 2014 年 5 月發布的公告中也已變更中文譯名為「思覺失調症」，且「調絃症」這個名稱不為中文讀者所熟悉，本書除了第一次觸及本用語、介紹用語及涉及時空背景的段落外，將盡可能採用「思覺

現在的情況不同，它在一九六〇至一九七〇年代之間的適用範圍非常廣，所以應該有許多精神科醫生在聽到布萊恩描述的症狀時不會多心，反而會立刻認為這就是思覺失調症的早期症狀，於是布萊恩不得不中斷所有活動，在長達二十多年時間裡他持續服用了治療思覺失調症的藥物，並在主治醫師尤金・蘭迪博士（Eugene Landy）嚴格的強制監視與保護下與世隔絕，只能不斷服用著藥性強烈的藥，度過了無精打采的二十年歲月。

後來就這麼活得慘澹的布萊恩竟突然像浪漫電影一樣遇上了愛情，在愛的力量下布萊恩才得以脫離主治醫生的長期束縛，成功中斷了他早已厭煩不已的藥物，又開始積極投入在創作活動中，並總算在二〇〇四年發行《Smile》專輯。這是他在創作《Pet Sounds》之後時隔三十八年才又推出的全新專輯，還因此獲得了美國流行音樂界的最高指標艾美獎，就此東山再起成功的布萊恩直到近年來都還在全世界巡迴公演，真是令人驚訝又感人的故事。

嗯？稍等一下！你剛剛是說被診斷出思覺失調症、又吃了二十多年藥的人可以完全戒掉藥物，還能找回自己的能力成功回到

失調症」指稱。

舞台繼續創作和表演活動嗎？這對一般人來說可能只是一個很動人的故事，但對大部分的精神醫師來說，整個故事還是非常啟人疑竇，當然這世界上原本就有非常多例外狀況，被診斷出的癌症末期的人也可能莫名其妙就痊癒了沒錯，更何況布萊恩原本就有天才音樂才能，這種完美的 Happy Ending 怎麼說都不無可能嘛！

但是通常來說，思覺失調症還是一種不持續進行藥物治療就很容易復發並導致精神逐漸萎靡的疾病，典型的罹病過程是發現一個人原本擁有的大部分技能和其他能力會慢慢減退，情緒面也跟著慢慢變得遲鈍，這樣我們應該如何探討已經服藥二十年才中斷的布萊恩是怎麼完全恢復原本的能力並重新回到舞台上呢？曾經折磨布萊恩的幻聽症狀真的是來自於思覺失調嗎？我們不免會自然好奇起這些問題的答案。

●●• 只依靠症狀做出診斷的危險性 •●●

說老實話，精神科門診中診斷結果反反覆覆的狀況並不少見。以前有位二十多歲的女學生因為嚴重的憂鬱和不安症狀來到我的門診，她過去在國外留學時就曾因為症狀嚴重而去過醫院，當時第一次得到的診斷是因為不適應新生活而罹患憂鬱症，並拿到了抗憂鬱症的處方。然而後來她在和男朋友約會途中又突然出

現恐慌症狀而緊急去了急診室，這次她被診斷出恐慌障礙而拿到抗焦慮劑的處方，但服用抗憂鬱和抗焦慮的藥都沒能讓她的症狀好轉。過一陣子她又因為和朋友大吵一架，忍不住採取割腕的自殘行為，不得不再次拜訪精神科門診，這次她被判定為雙向情緒障礙（躁鬱症的版本），醫生為了穩定她的情緒，又開給她被稱作「鋰鹽」的藥……後來她回到了韓國並來到我的門診，但在聽完她的病程和病歷後，我還是沒辦法判斷她罹患的是憂鬱症、恐慌障礙抑或是躁鬱症。

仔細聽完了她的故事後會發現，其實她的憂鬱、恐慌以及強烈的情緒起伏症狀，從很小的時候就出現了，更準確來說，是從小學低年級開始遭到親戚哥哥性侵之後開始的。又因為從小到大長期在爸爸的肢體和言語暴力下長大，她從小就沒有安全感，所以就像有人會逃回家一樣，她逃避地前往美國留學，但在那裡也沒能好好和別人來往，幾乎總是被孤立，只能懷著憂鬱和孤獨過日子。

某天她在偶然參加的活動裡被第一次見到的男生強吻，於是恐慌症狀便發作了，此後在她身上出現的情緒失控和自殘行為都是每次在學校看到那個男生時因為太過生氣和恐慌出現的症狀，結果那些在她身上出現過的憂鬱、不安、情緒失控等症狀都不是突如其來的，幾乎可以說都能導向我們能夠理解的原因（過去的

創傷與現在的觸發原因），如此一來單就診斷結果去對焦並實施藥物治療，效果也很有限。

●●• 複合性創傷後壓力障礙症候群導致的幻聽 •●●

電影中布萊恩第一次吐露自己的幻聽症狀時提到他一直聽到批判的聲音，特別是聽到的主要都是爸爸的聲音，這段情節在觀影的過程中讓我很是在意，對於他說明爸爸在教訓自己時如何令他恐懼，施暴的橋段也非常印象深刻——布萊恩沒有說自己的耳朵壞掉、聽力受損的原因是爸爸用手掌打了自己巴掌造成的，反而說是爸爸「用巨大的拳頭粗暴地揍了我才變成那樣的」。其實過去布萊恩在極具權威又有完美主義的父親麾下度過了一段不幸的童年時光，母親據說也是害怕那樣粗暴的丈夫，於是就逃跑似地和丈夫分居了，因此從小布萊恩就在父親的言語批判和肢體暴力隨時都會爆發的恐怖環境中長大。

「怎麼只能做到這樣？你要做得更好啊！不完美一點用都沒有！你要這樣的話不如放棄算了！」如此這般，只能說父親對他的反覆批評已經深深烙印在他心上，他心裡頭「爸爸不知道什麼時候又要臭罵我一頓、不知道什麼時候又要揍我」的極端警戒心（hyperalert）也漸漸發展為「既然爸爸討厭我，總有一天會殺了我

的」這樣的被害意識（paranoid）。這種被害意識與其說是精神疾病的症狀，反而應該看成是長期處於暴力環境裡的年幼孩童，因為恐懼不安、擔心受怕而自然產生的思考方式。既然布萊恩聽到的幻聽內容主要類似於小時候爸爸批評自己的內容，那麼這種幻聽與其說是精神疾病的症狀，難道不是小時候被暴力的父親批評時所留下的童年創傷在某種原因下被觸發而瞬間出現的「經驗再現」（flashback）嗎？一般我們在說「經驗再現」的時候會先想到視覺的層面，但其實聽覺上的再現也很常發生。據說布萊恩的父親在布萊恩長大成人後仍擔任海灘男孩的經紀人很長一段時間，不斷強迫他做更有大眾性又能創造人氣的音樂，儘管這時布萊恩已經是成年人了，但在這種狀況下聽到爸爸嚴厲的批評時，小時候感受過的恐懼不安回憶和爸爸粗暴的批評聲很可能又重現了。

布萊恩身上所出現的被害意識與幻聽症狀極有可能是複合性創傷後壓力障礙症候群（complex PTSD）的一種症狀，因為是在爸爸的虐待和批評下產生的幻聽症狀，對布萊恩的症狀來說，比起採取藥物治療，愛與慈悲（Love and mercy）在讓幻聽消失這件事上反而扮演了更重要的角色。於是透過那一位如命運般出現的人，布萊恩體會了愛與慈悲，也慢慢找回內心的平安和安全感，最後終於能夠重返自己的創作之路。

一邊吃著爆米花，一邊療著傷

雖然晚了些，但他的全盛期還沒有結束。

PS

許多針對聽見內心聲音的症狀（internal voice）所做的研究，結果都顯示這個症狀和童年時期遭受的性虐待、肢體虐待、言語暴力、持續性的放置不理、暴力等經驗息息相關，在這個背景下如果為了去除心裡的聲音而只單純採取藥物治療，那麼和創傷本身有關的內在聲音就很有可能促使問題本身惡化，所以儘管病人的內心很害怕也充滿混亂，但從精神治療的方向去探究仍是非常必要的，精神治療的方式能夠協助我們進一步摸索出一個人的內心聲音代表著什麼意義，以及當下懷抱的情緒。

我個人是在八〇年代後半接受精神科住院醫師訓練的，當時我會將病徵和典型思覺失調症略有差異的患者診斷為：急性精神病、精神分裂型障礙、分裂情感性障礙、非特異性精神分裂症等精神疾病，並開出相應的處方藥，但現在回頭想想，我也開始懷疑當時的患者中或許也有不少人和童年時期受過虐待和遺棄的創傷有關。

最近就我的觀點來看，很多人的病徵看起來應該是複合性創傷後壓力症候群的症狀，但好像仍多被診斷為躁鬱症、恐慌障礙、注意力不足過動症、思覺失調症等等，這個議題至今都還是專家之間熱烈討論的範圍。

精神障礙診斷準則手冊 DSM-5

DSM（Diagnostic and Statistical Manual of Mental Disorders）是美國的精神障礙診斷分類體制，它的基本原則是不究原因，而是用症狀做診斷。一九五二年美國精神醫學會用患者的病徵為基礎將精神疾病大致劃分為精神病和神經症，分別代表共六十餘種的精神疾病，這也是精神疾病第一次被分類出來，在那之後大約每隔十年都會做一次更訂，算是一路走來都很具客觀性，只是它最大的問題點就在於針對症狀做出診斷時，完全不去探討引發出症狀的原因。即使是症狀看起來很類似的憂鬱症，病因都顯然是不一樣的，DSM 的診斷分類體制卻不太重視病因，不管是遺傳性原因產生的憂鬱症、婆媳問題造成的憂鬱症、配偶驟逝引發的憂鬱症、小時候遭受父母虐待產生的憂鬱症……等，這些全都被分類進憂鬱症類別裡，也因為是用外顯的症狀去分類診斷系統，治療時也多半只關心怎麼緩減症狀，不管怎麼說都的確是疏於了解引發某種症狀的原因並努力對症下藥。

所有精神疾病的原因都是複合性的，遺傳、家族、社會環境等要素交互影響才引發出病徵，因此我們也不能斬釘截鐵地說所有症狀都和心理創傷有關，不過就算是這樣，實務上創傷所導致

的精神醫學性問題卻是比想像的要來得豐富。

在二〇一三年最新修訂的 DSM-5 出現之前，創傷後壓力症候群在過去三十年間都隸屬於恐慌障礙的範疇，但蒙受創傷後遺症所苦的人卻不單純只有恐慌障礙的問題，他們都說除了恐慌障礙以外還有其他眾多病徵，而實際上創傷後壓力症候群患者中有約 77% 的患者受到衝動、情緒不穩定性、易怒等問題所苦；84% 出現記憶障礙、解離症[1] 等解離障礙；另外 75% 的創傷後壓力障礙患者還因為羞愧心、自我貶低、無價值感而備受折磨；有約 83% 患者說維持人際關係是很難的。正因為實情如此，就不能將患者反映的各種症狀侷限在單純的恐慌障礙項目中，最後 DSM-5 新設了創傷與壓力關聯障礙的範圍（trauma and stress related disorders）來處理創傷後壓力障礙、急性壓力障礙、適應障礙等項目，取代原先只有恐慌障礙的設定。不過我們恐怕還是很難說 DSM-5 就是完整的診斷系統，特別是因為童年時期遭遇的創傷導致的症狀實在太過複雜多樣，很難用一種疾病名稱做出診斷。

當然為了精神醫學的發展著想，這種以症狀為核心所建立

---

1 譯註：Depersonalization Disorder，解離症，又譯「自我感喪失症」。

的診斷分類體制顯然是非常重要的，這可以幫助我們更快做出客觀的評估和有效率的治療，只是為了讓患者完全康復並達到治癒的效果，注意和關心那些對症狀來說具有重大影響的因素是必要的，這也是事實，作為一個創傷治療專家就必須小心地關照患者所經歷的創傷背景因素和創傷造成的後遺症。

《心靈捕手》（Good Will Hunting）

導演　葛斯‧范桑（Gus Van Sant）　◆美國◆1997
主演　麥特‧戴蒙（Matt Damon）

認為自己有錯的陷阱

「因為羞恥心（shame）是湧現在整個身體上的一種反應，從認知層面而去處理基本上沒有什麼效果，身體上的痛苦感受只會將患者帶進羞愧的漩渦中。」

——歐諾‧凡德赫特（Onno van der Hart），荷蘭心理學家

小時候反覆受到父母傷害的人心裡自然而然會出現一道屏障，因為不知道什麼時候又會受害、不知道會被誰背叛，所以從小就在心裡建了一道懷疑和警戒的牆，不讓任何人接近。當有人釋出善意靠過來時，這道心靈的牆反倒更加堅實了，因為他們的心裡總是有著這樣的質疑：「真的是為我好才接近我的嗎？該不會是想利用我吧？」雖然偶爾他們也會了解到對方的好意是真心的，但這時候他們反而多多少少會去嘲諷這般善意，心裡想著：「反正你是因為運氣好才沒有像我一樣受傷的嘛？像你這樣平凡的人怎麼會了解我心裡的傷口呢？」「我才不需要什麼幫忙！不，我是說反正你沒辦法幫到我！」這是因為他們擔心卸下心防把自己的心思展開來給人看時，別人反倒會覺得自己很奇怪而離開。「我原本就是糟糕的人！」「大家知道我是一個多麼沒用的存在後一定會把我丟開的！」在他們心裡頭強烈的羞愧心已經佔據了一塊位置。人說最好的防禦就是在對方離開前自己先離開對方，但這樣就會始終帶著孤獨和虛無的心理活下去，為了按捺下這種情緒，儘管嘗試了飲酒、做愛、藥物、賭博……等各種行為，深藏在心裡深處的孤獨、空虛和羞愧仍只會隨著時間的更迭而擴大下去。

一邊吃著爆米花，一邊療著傷

●●• 蓋得穩固無比的心靈之牆 •●●

　　美國獨立電影界巨匠葛斯范桑導演所執導的《心靈捕手》，是一部描述因為童年時期的陰影而把心門關上的主角，與再次將他的心靈之門打開的治療師之間所發生的矛盾與和解的作品。主演這部電影的麥特戴蒙曾就讀哈佛大學（英文系中退），他在與好友班艾佛列克的合作之下，將自己在藝文創作課上寫出的五十多頁短篇小說加以改編成這部電影劇本，《心靈捕手》也在1998年第70屆奧斯卡獎上入圍九項大獎，最後麥特戴蒙與班艾佛列克奪得了最佳原創劇本獎，羅賓威廉斯則得到了最佳男配角獎。

　　主角威爾帶著優秀的數學天分出生，人生卻和這項才能背道而馳，他過著底層的生活，時常和社區裡遊手好閒的朋友們一起混日子，更因為賭博、暴力前科進進出出少年觀護所和監獄。因緣際會之下他的數學天分被吉拉德・藍柏這個教授給發現了，曾經獲得數學界諾貝爾獎——菲爾茲獎的藍柏教授意識到威爾可能擁有比自己更傑出的數學潛能和天分，只是一向衝動又具攻擊性的威爾別說能專心讀書了，他正因鑄下大錯要被送進少年觀護所，藍柏教授誠懇地勸導他與其去坐牢，不如好好和自己一起進行數學研究，並且同時接受諮商治療。威爾因為非常不想坐牢而答應接受諮商，沒想到卻還是對接觸自己的治療師百般譏諷，處

處戲弄一番，正因為威爾心裡的牆太堅固了，沒辦法輕易對誰打開，許多知名的治療師都搖著頭敗下陣來，沒辦法的藍柏教授只能拜託自己大學時期的競爭對手兼好友尚恩‧麥奎爾，請他幫威爾做諮商。

然而從第一次諮商開始，威爾就位居上風，「你真的能把我治好嗎？你是能理解我痛苦的人嗎？」他用這種方式頻頻測試尚恩教授，當他看出尚恩其實承受著喪妻之痛以後還故意用問話刺激他：「你看起來很孤單，你老婆跑了嗎？」一時耐不住憤怒的尚恩忍不住抓住了他的脖子，雖然在這個片段中尚恩教授的行為可以說一點也不像個治療師，卻反而讓人感受到人情味，因為當自己最脆弱的點被碰觸時，就算是治療師也很難若無其事吧？幸好儘管發了這麼大的怒，尚恩終究沒有放棄威爾，決定繼續治療他，或許是從威爾防備的態度背後看出了他軟弱的心。

●●‧「那不是你的錯」‧●●

這部電影裡最讓我印象深刻的場景是最後的諮商時間，因為害怕講出自己不幸的過去，威爾試圖逃避分享的過程，此時令人意外的是尚恩教授突然開始講起自己小時候被虐待的經驗，這突如其來的真心話讓威爾慌張不已，因為他發現尚恩教授所經歷過

一邊吃著爆米花，一邊療著傷

的創傷事件竟和自己的心理陰影有高度雷同。「爸爸已經酒精中毒了，每天都在醉酒狀態沒有醒過，醉死的時候還會找人來揍，我不想讓媽媽和妹妹被揍只好先衝出去給他打了，如果那天他有戴戒指就更好玩了……」尚恩教授一說完，威爾竟開始接下去說起自己的故事：

「那個人老是在桌子上放鉗子、棍棒和皮帶，叫我從裡面選一個，我選了鉗子……嗯，就是想說要玩就跟你玩到底吧！」

只是威爾說到這裡突然就開始轉移話題，說起不相干的其他事，似乎是因為一時衝動脫口說出往事的舉動為他帶來了想像以上的恐懼和憤怒，他整個人被羞恥感給襲捲了，因此突然露出想要迴避的神情。尚恩是個老練的治療師，他傾身靠近威爾，在他耳邊溫柔地說道：

「那不是你的錯。」

「（威爾先是流露出想要抗議『那是什麼廢話？』的表情，又馬上低下頭）喔，知道啊！」

「請好好看我的眼睛，那個不是你的錯！」

「（百無聊賴的表情）就說我知道了。」

「不是你的錯！」

「（這次是狠瞪治療師）是喔……我知道啊。」

「不、不，你不知道，你還是不知道那不是你的錯。」

「（神情不安地從座位上站起來說）知道。」

「那不是你的錯。」

「好啦！我知道了。（彷彿在說：『不要再吵了，很痛苦！』）」

「那不是你的錯。」

「……（他低下頭保持沉默，情緒一觸即發）」

「不是你的錯。」

「（哽咽）拜託不要逼我……」

「那個不是你的錯。」

「（威爾大力推了治療師一把）我叫你不要惹我！拜託您了。」

「那從來都不是你的錯。」

「……（他雙手遮住自己的臉，開始啜泣）」

「（尚恩溫柔地拍拍威爾的頭）真的不是你的錯。」

「（雙手遮住臉孔大哭了一陣，突然一把抱住治療師）對不起，真的對不起……」

（尚恩沒有回話，只是溫暖地擁抱著他）

尚恩教授竟只是對著威爾反覆說了十次「那不是你的錯」，為什麼這一句講一兩次就顯然能夠聽懂的話，尚恩教授卻硬要反

覆說上十次呢？

　　這種無法反抗自己的養父母、只能毫無作為承受欺負所帶來的羞愧感，以及沒辦法守護自己的媽媽和手足所帶來的羞恥心，長久以來一直在威爾的心中，他一直這麼活過來。事實上從客觀角度來說，當時年幼的威爾在面對魯莽暴力的養父時，當然沒有足以對抗的本事，那些暴力事件的錯當然要怪到養父身上，或者說當年沒辦法帶著威爾從家裡逃跑的母親，也許也必須承擔一部分的責任。

　　但是威爾卻根深蒂固地認為當時所發生的所有事件都是自己的錯，於是一直深深懷抱著針對自己而來的羞愧感，完完全全被這份羞愧心給壓制住了。

◉◉•• 治療的路 ••◉◉

　　羞恥感是一種強烈的身體反應，羞恥心是在面對某人的責難和攻擊時自然而然產生的防禦機制，會引發幾乎等同於凍結（freezing）這種表現的身體反應，因此當一個人被強烈的羞恥心給席捲時，當事人的前額葉皮質區（prefrontal cortex）將會完全麻痺失能，沒辦法做出理性合理的思考。

　　我們可以從電影中看到當治療師尚恩教授第二次說到「這不

是你的錯」時，威爾蠻不在乎地回答：「喔，知道啊。」但尚恩教授已經從客觀角度看出威爾的腦袋雖然懂，但他還沒能真心理解和接受這個事實，所以才會反覆同一句「那不是你的錯」好幾次，最後在尚恩教授溫暖的安慰下威爾才終於卸下心防，一股腦地流露出這些日子以來硬是壓下去的強烈羞恥心與憤怒感。

　　電影中治療師默默擁抱著啜泣的威爾一句話也不說的著名橋段，溫柔地告訴我們——真正能夠療癒羞恥感的治療會發生在人與人關係的連結感中。

PS

實際上羞恥感的相關治療如果能像電影一樣，在兩三分鐘的過程裡戲劇性地完成那該有多好？然而要建立讓人即使袒露自身的羞恥感、還能若無其事並感到安心的連結感，會需要很漫長的時間，至今都沒有能夠縮短時間的捷徑。

　　　　　　　　　　　　　　　　　一邊吃著爆米花，一邊療著傷

關於羞恥感

　　羞恥感是一種所有人都曾經多多少少有過的一種正常情緒，但羞恥心同時具有能把我們感受的其他情緒都壓制住的能力，別說是憤怒或怨恨這種負面情緒，羞恥心也能壓制有趣、開心、親密、進取的好奇心等正面的心情，既然這樣，為什麼我們會需要這種壓迫其他情緒的羞恥感呢？

　　當別人不能接受我的行為或情緒時，羞恥感就會產生，無論那些行為或情緒多麼正當都不重要，只要有人不能接受，我們就會感到不安，接下來如果想要重新獲得安全感，首先必須要先壓抑該行為或情緒，於是羞恥感控制了我們的行為和情緒，並以提供安全做交換。

　　另外羞恥感也具有告知我們在社會層面所能被接納的行為界線、維護人際關係中適當親密感和距離的功能，也就是說羞恥感會徹底管理我們自身的行為和衝動，幫助我們好好作為社會的一員生存下去，因此從演化論的角度來看，羞恥感可以說是具有相當重要的社會性功效，能輔助我們生存。

　　如果人類不能感受到羞恥，說不定老早就從地球上滅絕了，從這個觀點出發，人類基於安全和生存因素而演化出羞恥這種情

緒，還真是萬幸呢。

不過問題仍在於當這種羞恥心過度膨脹時，例如出現毒性強的羞恥心 toxic shame，也可能會發生威脅我們的安全感和生存的狀況。當創傷事件發生時，羞恥心會突然像是龍捲風一樣變得無比強烈，甚至突變成毒性很強的羞恥感，這是因為孩子們在面對自己無法控制的創傷打擊時，會從那些自然衍生出的防禦機制——打架、逃跑、動彈不得、糾纏、服從等行動中產生強烈的羞恥感。諸如：打架頂撞後自覺自己的行為很不懂事很丟臉；逃跑之後覺得自己的行為很懦弱很丟臉；因為害怕得無法反抗而感到丟臉；低聲下氣懇求對方放過自己很丟臉；軟弱服從對方的指令很丟臉……這些感受都不是單純「感到羞愧」而已，幾乎已經上升到當事人覺得本身的存在就令人羞愧的程度。（不是「I feel shame」了，而是「I am shame」了。）

毒性很強的羞恥心通常不僅只是由親人的批評、言語暴力、肢體暴力所帶來的，孩子的特定行為和情感長時間不被主要養育者發覺、關照，甚至認同時，都可能引發孩子強烈的羞愧感，這是因為孩子可能會把當下的狀況理解成這樣：「不是因為爸爸很忙，還是媽媽現在心情很低落才沒有發現我的存在，是因為我不好又不像樣，我是一個不能被愛的存在，所以才會沒有人理我。」

令人訝異的是，往往比起那些看得出脈絡的虐待，隱隱約約透露的忽視更經常為孩子帶來羞恥感，只可惜留在心裡的創傷只會壯大這股羞愧感，而被強化的羞恥心又會帶來其他創傷，於是這樣的惡性循環只會生生不息。

《愛是您，愛是我》（Love Actually）

導演 李察・寇蒂斯（Richard Curtis）◆英國、美國◆2003
主演 休・葛蘭（Hugh Grant）
　　 連恩・尼遜（Liam Neeson）

到處都有創傷

「每個地方都有創傷的存在，在我們每個人的人生裡，以及全世界各處。事實上沒有這麼一個人，能夠從創傷中自由。」
　　　　　　——《從創傷中痊癒》（Healing from Trauma），
　　　　　　　　　　　賈斯敏・李・柯里（Jasmin Lee Cori）

「世界上雖然充滿憎恨，但我不這麼想，愛其實到處都在。當世貿中心被恐怖攻擊的飛機撞倒下來時，人們從那裡用手機傳出來的訊息並不是怨恨或冤仇，反而都是愛的訊息。當你環顧周遭時，將會發現愛真的在我們身邊無所不在。」

光是看《愛是您，愛是我》的第一個橋段，我們馬上就能知道這部電影想傳達的訊息，因為電影開場短暫播放了人們在機場開心見面相擁的畫面，並且旁白也在背景裡這麼說著。

電影在兩小時左右的時間裡向我們展示了發生在我們身邊的各種愛的模樣，時而溫暖了我們的心，讓人感到甜蜜；時而又令人揪心，直到最後會心一笑。每個人在看完這部電影之後都會自然點起頭，認同「愛在我們身邊無所不在」的這句話。

但走出電影院，在周邊徘徊散步了一個小時讓自己回到現實後，我的心裡慢慢也浮起一絲懷疑──我們的周邊應該不會總是都有甜蜜又幸福的愛情吧？其實在電影中也是，連陷入浪漫愛情裡的登場人物，在電影中也因為那份愛情而痛苦不堪。突然失去妻子而陷入失落感的孤獨男人、被深愛的戀人狠狠背叛的男人、因懷抱對朋友妻子的禁忌單戀而在沼澤中掙扎的男子、因為老公愛上年輕女孩而心如刀割的太太、為了照顧生病的哥哥只能放棄自己愛的女人、沒辦法被任何異性關心而活得很孤單的男男女

女……等，比起愛情所帶來的短暫快樂，這些人難道不是因為愛而陷入更長時間、更頻繁的痛苦呢？或許因為這樣，劇中早熟的小主角問的這題：「有比受愛情的煎熬更糟糕嗎？（Worse than the total agony of being in love？）」就顯得更具現實感，也更是讓人感同身受。

●●● 創傷的日常性 ●●●

事實上在我們身邊除了幸福滿溢的事，往往傷心難過和氣憤難熬的事更頻繁發生、更讓人無從招架。就讓我們來看看晚間新聞吧！你會親眼看到非常多事故和事件在發生──性侵、強盜、殺人、詐欺、火災、建築物倒塌、颱風、地震、口蹄疫、恐怖攻擊、槍擊案、Covid-19 疫情等等，事件在我們身邊不斷發生，新聞一年 365 天全天候播送，更別提那些雖然上不了新聞，但在我們身邊更常發生的大大小小人生問題了，那可真不知道有多麼豐富──夫妻吵架、離婚、父子衝突、母女爭執、兄弟姊妹不和、生離死別、癌症等重症疾病、霸凌、職場內欺凌折磨、失業……等，零零總總讓人昏頭亂象的事還不知道有多少。這麼看來，我們人生最現實的真相恐怕就不是「愛到處都在──love actually is all around」了，而應該是「創傷到處都在──Trauma actually is all around」吧？

　　當然這種觀點也可能是作為一個大多數時間都投注在聆聽創傷受害者故事的精神科醫師才會有的指向性觀點。既然如此，那我們先假設這世界上好壞事的發生率剛好是公平的一半一半吧，如果神沒有刻意要捉弄人類，並且好壞事是依循自然現象反覆發生的話，這對我們人來說也不是什麼有利的現象。從演化論的角度出發，人類的腦具有把壞事記得比好事更深更久的特性，這樣在面臨生死交關的時候才能避免犯下同樣的失誤並提升生存的機率，因此就算碰巧好事壞事發生的機率剛好一半，我們仍會相信壞事比好事來得多，這種信念是否真的能讓我們活得更久還不好說，卻好像不太有辦法讓我們活得更幸福快樂。想像一下終日陷在「不知道不好的事件會不會再發生」的擔憂、顧慮及處處警戒的泥淖中生活，未來真不知道有多黯淡？

　　所以相對之下，和現實背道而馳的《愛是您，愛是我》這種非現實但愛情總是能甜蜜成真的浪漫電影，就是這樣迷住不少人吧？因為鼓起勇氣誠懇地告白，所以英國首相和準備餐點的女侍之間實現了超越社會階級的愛情；即使雙方語言都不通，葡萄牙女子仍接受了英國男子的求婚；聽見單戀男子的告白，女子先從後面走來給他一個深吻……等。這些事在現實生活中發生的機率

幾乎等於零，但我們也許還是想相信只要仔細觀察身邊的人，就會發現這樣的愛情所在多有。這麼說來，或許是因為我們的人生中讓我們受傷、痛苦、孤單的事更常發生，所以才更需要愛這種解毒劑。如果說創傷的本質是「斷絕」，那麼愛的本質就是「連結」了，果然我們最需要的還是愛。All we need is love！

PS

其實已經有許多科學家針對「愛」這種非科學性的現象推出一籮筐研究結果，找來看會對人生很有幫助，那我們一直相信是非科學性現象的創傷又是如何呢？幸好在創傷的領域也有很多科學家提出很多研究結果，可以完善地認知並理解心理創傷的本質、心理創傷對我們的人生帶來的影響，以及徹底面對創傷的方法等等，也能成為幫助人們好好走下去的一項重要智慧。

關於直面創傷

在近代精神醫學萌芽以前，只要有人出現奇怪的舉動或說一些唐突的話，就會被當成是中邪或惡靈附身，於是一直以來都是由巫醫、魔術師、宗教人士等角色對當事人進行驅魔治療或處罰，直到進入一八七〇年代，歐洲近代精神醫學慢慢被孕育出來後，當時的精神科草創醫師們才開始用更理性且科學的方式，面對受到痙攣、記憶喪失、情緒爆發、發狂、痛哭、麻痺等難以理解的症狀所苦的患者。令人意外地，在那些精神科醫師看過種種無法說明的症狀出現在女性身上、並仔細聽完她們的故事後，他們近乎一致地做出了結論，那就是這些不合理又詭異的現象之所以會產生，恐怕都和小時候的心理陰影有關。

在那之中，精神分析學的創始者、我們非常熟知的西格蒙德‧佛洛伊德（Sigmund Freud，下稱佛洛伊德）在 1896 年發表了論文《歇斯底里症的原因論》（The etiology of Hysteria），主張歇斯底里的根源與小時候遭遇性方面的創傷有所關聯，然而他的革命性主張在當時的社會氣氛下，並不是一個非常容易被人認可的內容，因為眾多女性身上出現歇斯底里症，便意味著兒童性侵事件在社會各處蔓延，這個令人不安的事實對大部分人來說都是

非常難以接受的。佛洛伊德野心勃勃地發表了論文之後，反而被社會給孤立了起來，並蒙受許多來自學術界的質疑，一時之間他被當成了一個天真地聽從患者的話、還對那些話信以為真的愚蠢精神科醫師，最後佛洛伊德也不得不否定自己歇斯底里的創傷理論，默默地把自己的論文撤回了。在那之後佛洛伊德又重新主張兒童期的性虐並不是事實，而是患者自己創作出來的幻想，並用這個為概念發展出「無意識理論」，而最初的歇斯底里創傷原因論就逐漸被大眾和專家們漠視了。

　　透過這些創傷研究的早期歷史我們可以知道，別提那些加害者，就連與創傷本身沒有直接關連的第三者都沒怎麼想了解、也不特別想聽關於創傷的事。因為光是研究創傷的這件事就表示不得不去直面人類本性中的野蠻和脆弱，這是一個連我們不想承認的醜陋面都必須揭發的過程，所以那些與被害當事人素昧平生的第三者、甚至是被害者的家人朋友鄰居，也只能傾向把創傷事件曾經發生的事實給掩蓋掉，或者覺得時間過去，就當成什麼事都沒發生過，這些就算不一一列舉出來也罷，至今我們身處的現實中不也是反覆出現著同樣的現象嗎？

　　所幸最近我們社會，隨著對創傷的關心提升，也慢慢出現了一些對創傷被害者們的痛苦付諸關心的行動，社會上協助遭遇家

庭暴力、性侵害、校園霸凌、天然災害事故、犯罪事故受害者的社會關懷行動與專家們的關注正逐日增加。我想未來這些關懷也必須持續下去才行，因為心理創傷並不會輕易地在我們的人生中減少。

一邊吃著爆米花，一邊療著傷

創傷種類與症狀

戰爭創傷

《美國狙擊手》（American Snipper）

導演　柯林・伊斯威特（Clint Eastwood）◆美國◆2014
主演　布萊德利・庫柏（Bradley Cooper）
　　　席安娜・米勒（Sienna Miller）

即使在和平的日常裡
也能聽見槍彈聲

「在面臨生存的威脅時，我們為了生存會最優先啟動大腦最老、最單純的部分，只是即便這樣的處置會大幅提升我們生存的機率，但負責理性的大腦皮質如果因此沒辦法確實動作，我們的人生就會變得非常枯燥乏味」

——保羅・麥克林（Paul MacLean），美國腦科學家

「如果能夠理解創傷是如何為你的身體帶來直接的影響，那麼對於接納你身上無法理解的症狀將會帶來幫助，而因為那些症狀而埋怨自己的行為也能夠被抑制下來。」

——《從創傷中痊癒》（Healing from Trauma），
賈斯敏・李・柯里（Jasmin Lee Cori）

創傷後壓力障礙症候群最典型的症狀就是，只要受到一丁點足以激起過去創傷回憶的刺激，大腦就會顯露出過度激動的傾向。當一個人處於一個過渡清醒的狀態時，就會過分提防身旁的事物，開始不能相信身旁的人、陷入失眠，或是對一點小事過於敏感，易於激動或暴怒，這都被稱為「過度激動模式 1」（hyperarousal mode）。然而因為過度激動狀態必須消耗太多能量，人腦並沒有辦法維持在過度激動的狀態下太久，於是為了避免大腦在過度激動的模式下做出敏感反應，大腦會自動轉換成能夠把感覺和情緒變得遲鈍的狀態，而當大腦狀態被轉換時，反而大腦一片茫然的感覺更經常出現，使人幾乎沒辦法好好感受情緒，記憶力變差，並且開始覺得一切都很麻煩，想要迴避所有事情，時常對眼前發生的事物感到悲觀無力，這種狀態就被稱為「低激動模式 2」（hypoarousal mode），而過度激動和過度遲鈍兩種極端樣態反覆發生的現象，就是心理創傷所帶來的神經生理學上的變化產物。（因為這兩種極端的樣態，創傷後壓力障礙症候群常常會

---

1 譯註：過度激動模式（hyperarousal mode）為醫學名詞，又常被譯作「過度警醒」、「覺醒過度」、「高覺醒症狀」、「過度警醒」等，本書會盡量以原韓文作者所使用的詞彙翻譯，或依據上下文義略為調整。

2 譯註：低激動模式（hypoarousal mode）同樣為醫學名詞，又可被譯作「低度警覺」、「低覺醒」、「低喚醒模式」。

被誤診為躁症和憂鬱症反覆發生的兩極性障礙。）

　　時間慢慢過去之後，會發現這種反覆出現的極端樣態會發生改變，也就是說過度激動的樣態會慢慢減少，而迴避、鈍化和壓抑的反應會開始慢慢支配生命的一切，取而代之的是無力感、空虛感、慢性憂鬱症、對人際關係的逃避、暴飲暴食、酒精濫用、反覆自殘等症狀越來越顯著，積極並試圖主導人生、努力活下去的意欲越來越低落，也早已經放棄追求人生的意義或尋找心智和個人靈性的事，每天只是日復一日的發呆，什麼變化也沒發生，喔不，是已經逃避任何變化，興味索然地過著已經枯萎的人生。

●●▸ 在持續的戰爭情勢下出現的心理狀態 ◂●●

　　《美國狙擊手》除了是一部充滿戲劇性要素、相當引人入勝的電影，並且也把前面所提到的創傷後壓力障礙所出現的極端症狀描繪得相當細膩。電影以真實人物克里斯‧凱爾（Chris Kyle）的自傳為藍本所撰寫，原書曾連續二十週登上紐約時報最佳銷售排行榜第一名，並在二十二個國家翻譯出版。根據該書的內容，克里斯曾任美國海軍特總部隊——海豹部隊 SEALs（The United States Navy Sea, Air, and Land）的狙擊手，多次從危急時刻中救出同袍，因此獲得無數的榮譽勳章，官方紀錄他曾擊殺 160 名敵軍，

非官方紀錄則有 225 名，並成功創下約 1.9 公里的個人最佳狙擊紀錄。他的書裡涵蓋了只有親自經歷過戰爭的人，才有辦法談論的真實經驗以及充滿真誠的自白。

克里斯凱爾在美國最保守的德克薩斯州出生，從小到大他從父親那裡學到的教誨就是——欺負自己兄弟的人必須受到最嚴厲的懲戒，以及必須如同忠心的牧羊犬好好守護著羊群般，成為一個忠誠的人。也就是說他從很小的時候開始，腦海深處就無意識地存在著這樣的念頭——將來一定要成為一個能和不義戰鬥的正義守護者。在目擊紐約九一一事件的直播畫面後，他懷抱著一定要為祖國奉獻性命的一片丹心自請入伍，此後他四次被派遣到伊拉克，以狙擊手身分活躍在戰場上，搖身一變成為戰爭英雄，他在自傳裡很明確地寫出了自己的信念：

「在哪裡都是一樣，我只是為了不要讓敵人出來傷害我的同袍而殺了他們，而我的這種行動會一直持續到再也沒有要殺的敵人出現為止，這就是戰爭。」

這在生死交關的戰場危途中顯然是一句無庸置疑的真理，然而在這個世界上戰爭與和平總是共存的狀態也是事實，對克里斯的人生來說也是，如同地獄般殺氣騰騰的戰場和天堂一般平和的家庭生活總是交錯著。

當克里斯第一次結束派駐軍旅生活回到家時，妻子馬上就察覺到他不知道哪裡出現了一些變化，很多時候克里斯就像螺絲掉了一樣在沙發裡放空一整天，看似無精打采的他卻又會經常毫無理由地出現緊張的神情。於是懷孕的太太只好在做健檢的時候，拜託醫護人員也幫丈夫克里斯量血壓，這才驚訝地發現他的血壓高達 170/110mmHg，相較於一般健康的成人血壓 120/80mmHg，克里斯的血壓數值如果不是高血壓患者，那就只能是處在非常激動緊張的狀態下才可能出現。這表示他的身體雖然從戰場回到了太太身邊，但大腦的緊張程度卻仍然維持原樣，跟在槍林彈雨的戰場上所出現的緊繃水準一致，儘管已經回到溫暖安詳的妻子懷裡，克里斯依然完全無法解除心理的極端高壓狀態。

　　兩次、三次、四次，隨著被派駐戰場的次數增加，克里斯的心理緊繃狀態益發嚴重，不僅非常容易情緒激動，也會過度表現出厭煩和憤怒的情緒，除此之外還深受失眠和噩夢纏身所苦，久而久之還出現了幻聽症狀，即使是在孩子們跑跑跳跳氣氛安逸的家中，獨自一人坐在客廳的沙發上，他的耳邊仍然會時不時傳來深入其境般的連環槍砲響，甚至眼前還開始出現了幻影，會從關掉的電視機螢幕上看到新聞正在報導著戰場上的緊迫交關。雖然克里斯本身是一個對自己的信念永不動搖又充滿勇氣的人，但反

　　　　　　　　　　　　　一邊吃著爆米花，一邊療著傷

覆親赴戰場並長時間曝露在戰爭最前線的他，靈魂還是一點一滴地隨時間衰微了。為什麼會發生這樣的事呢？

●●• 神經傳導物質的異常現象 •●●

戰場對一般沒有經歷過的人來說，恐怕是連想像都非常難以體會的恐怖心理創傷現場，在那裡許多人的生命就像蒼蠅短暫的壽命般一瞬間煙消雲散，人們一刻也無法逃離那種只要一個閃神就可能面對悽慘死亡所帶來的恐懼和驚怖。先不管戰場上那些幾乎震破耳膜的槍響、砲彈聲和人們的驚天悲鳴，就連不知何時會被打破的靜謐與肅靜空氣都會激起高度的緊繃情緒，這種心口幾乎要蹦出來的不安和緊張感會不停刺激我們的大腦，如果一個人不停處在這種極大的壓力狀態下，我們大腦裡的多種神經傳導物質和賀爾蒙就會出現巨大的變化。

過去傾向用戰爭恐慌症使人心靈變得脆弱，或是神經衰弱症等心理學用語來解釋軍人們心驚膽戰的模樣，但在科學比較發達的現代，我們已經發現人的大腦裡會出現非常具體的變化，像是對大家來說可能比較陌生的神經傳導物質——去甲腎上腺素（norepinephrine）、多巴胺（dopamine）、內源性糖皮質激素(glucocorticoid)、內源性鴉片（opioid）等物質過度增加，而血清素

（serotonin）則過分減少，用一句話來說就是不好的神經傳導物質都增加了，但好的神經傳導物質卻減少了。於是這種神經傳導物質的改變，最後就會在負責做資訊處理的神經迴路系統中引發新的變化，並誘發出各種不同型態的症狀。

首先去甲腎上腺素會在我們的大腦曝露在危險中時，緊急判斷應該要繼續拚搏還是要逃跑，並把創傷記憶裡隱藏的衝擊性要素強制寫入我們的腦海中，除此之外，它還會在受到周遭刺激時，快速產生驚嚇反應及大幅提升不安和緊張的情緒，讓我們將外在世界看成危險和不安定的場所；與此同時多巴胺的增加則會扭曲我們對現實的知覺，讓我們對周邊人物產生疑心並警戒起周遭的一切。總而言之，去甲腎上腺素和多巴胺是當一個人要在戰場這種極端危險的地方活下去時，最不可或缺的物質，但如果這些傳導物質在很和平安穩的狀態下仍不斷增加，則可能會讓我們把毫不起眼的微小刺激都視為高度危險因子，所以才會讓人無法體會到安寧平靜的感覺。至於血清素則是能幫助我們心靈安定的神經傳導物質，當一個人正在戰場上時，大腦中的血清素反而必須減少才能對存活比較有利，只要大腦中的血清素減少，我們的焦躁感、憂鬱感、以及攻擊性便會一併增加。

聽到這裡覺得怎麼樣呢？不覺得比起我們懵懵懂懂所想像的

畫面，實際上有太多具體的變化發生在受到壓力的大腦中嗎？隨著一個人曝露在戰場上的時間越久、反覆進入戰場的時間越多、目擊的死亡場面越頻繁等等，大腦中的生化反應就越激烈，而當這樣的變化越演越烈時，創傷後壓力障礙的症狀就會越來越嚴重，真讓人感嘆這是一場沒有勝算的仗。

●●• 深受外傷後壓力障礙症候群所苦的軍人們 •●●

在戰場上克里斯就是一個英雄和傳說，遠近馳名的程度是敵軍甚至把克里斯這個最強狙擊手稱為撒旦，對他祭出了高額的懸賞金。但回到和平的故鄉與家人團聚的克里斯，卻不過是一個深受創傷後壓力障礙症候群折磨的戰爭犧牲者。根據美國在鄉軍旅同袍會的統計，自二〇一一年到現在為止，有約將近二十萬名曾赴伊拉克、阿富汗等地參戰的士兵被診斷出創傷後壓力障礙症候群，這個人數是同期陣亡戰士和負傷者人數的四倍之多，也就是說比起在戰場上捐軀或受傷的機率，精神上受害的機率要高出許多。

二〇一三年二月，電影中的真實人物克里斯凱爾慘遭同袍勞斯（Routh）殺害，勞斯曾參加過伊拉克戰爭，並也罹患了創傷後壓力障礙症候群。遇害當時克里斯年僅三十八歲，而極為諷刺的

是，據說勞斯平時會將克里斯視為英雄崇拜，卻在酒和大麻的昏醉狀態下陷入了莫名妄想，認為他不殺克里斯，克里斯就一定會殺了自己，這才犯下了殺人罪刑。勞斯的律師主張勞斯的被害妄想來自於創傷後壓力障礙的症狀並積極爭取無罪判決，但勞斯最後還是在法庭上獲判有罪並處以終身監禁，只是回過頭來看導致這一切悲劇的始作俑者，難道不是戰爭本身嗎？

PS

最近有一些觀點出現，主要是觀察到罹患創傷後壓力障礙症候群的患者其右腦的杏仁核（amygdala）區域有血流增加的現象，而像這種大腦中部分區域的啟動現象，也和記憶閃現（flashback）時伴隨出現的鮮明視覺體驗及強烈的情緒反應有所關聯；反之，也有些觀點發現患者的語言中樞——左側大腦布若卡氏區（Broca's area，又稱作布氏區）則有腦血流減少的跡象，這可以說明為什麼大腦的語言中樞在「記憶閃示」栩栩如生地映入患者眼簾地過程中會被壓制的原因。這也是為什麼許多患者沒辦法用言語說明自己經歷過的強烈恐懼和不安，這種腦內血流的變化可以視為是大腦在極端危險的狀況下為了保全我們的性命，因時制宜地下了「先別想著開口說話，先用身體做反應！」這個命令的結果，然而這樣的科學證據中，還是沒能減輕勞斯犯下的罪。

　　　　　　　　　　　　　　　　一邊吃著爆米花，一邊療著傷

快車神經迴路 VS 慢車神經迴路

「一朝被蛇咬，十年怕草繩」這句俗諺說明一個人被眼前某個東西嚇到後，再見到相似的東西就很容易受驚的現象，但這個現象並不只會發生在容易擔心受怕、性格特別纖細的人身上，不管是誰，只要曾遇過會帶來壓倒性恐懼和不安的創傷事件，即便事件已經過了好久，當我們再次受到類似刺激時，還是會出現一樣的情緒或身體反應，這和個人意志無關，而是因為大腦內部發生了變化所造成的，那麼，又為什麼會出現這樣的現象呢？

美國神經學家勒度（LeDoux）在一九九四年進行的動物研究中發現，在面臨危急狀況時，大腦中會有兩條各自扮演不同腳色的神經迴路干預其中，他因此提出我們人類也具有類似神經迴路的假說，這個假說在經過了二十五年後的今天仍被許多專家學者接受。在他所發現的兩條神經迴路中，有一條被稱為「快車神經迴路」（fast circuit），是負責將外部傳來的資訊即時透過腦下丘傳遞到杏仁核的迴路。杏仁核是大腦中的一個輸出結構，能及時判斷收到的外部刺激有多危險，並激發出與其相應的情緒與身體反應。我們幾乎可以說杏仁核在大腦中扮演著危險警報器角色，它能快速評估從外部接收進來的資訊，並決定一個人應該繼續戰

鬥還是逃亡，這個接收和判斷資訊的過程對人類的生存來說是一個非常重要的要素，而當然在這個過程中擔任要角的，就屬杏仁核了。一旦杏仁核判斷外部刺激是危險的，就會立刻向下視丘（hypothalamus）和腦幹（brain stem）傳遞緊急危險訊號，快速促進我們身體內的自律神經系。

　　而另一條勒度所發現的神經迴路則是「慢車神經迴路」（slow circuit），它代表著透過腦下丘將外部進來的資訊傳達給大腦皮質（cerebral cortex）和海馬迴（hippocampus）的這條迴路，這條迴路因為與複雜的大腦皮質神經相連，所以能更精準客觀地評斷從外部接收的資訊，並且能夠比較並分析過去其他曾經歷過的類似狀況，因此可以做出更加審慎且適切的行為，海馬迴的這些功能扮演著調節並抑制杏仁核過度活化的重要角色。

　　在一般的狀況下，這兩條神經迴路會互相補強並各自發揮功能，首先是快車神經迴路遇到刺激時會迅速採用最基本的外部資訊判斷，並執行能夠確保存活的行為，在那之後慢車神經迴路就會立刻接手判斷該行為的是否妥當，再根據時間前後脈絡調節，並重新採取更適當的行為。透過這兩種神經迴路的相互作用，我們便能因應從外部接收的刺激，更有效率地採取合適的應對措施。

然而當一個人遭遇極度危險又恐怖的創傷事故時，實際狀況就會和上述大相逕庭，兩種神經迴路的協作關係會瞬間破滅，落入只有快車神經迴路過度運作，而慢車神經迴路卻突然被封鎖的現象。其實這種慢車神經迴路突然停止運作的狀態或許從演化論的角度來說也是種適當的反應，如果在攸關生死的危急時刻，還要追求冷靜又能謹慎追究前後脈絡，那反而更加難以保全性命吧，在性命危篤的情況下如果能處於激動的狀態，那或許還能看是要打鬥、或落荒而逃，怎麼樣都對活下去更有利，這時候的大腦反而等於是使出了渾身解數，就只靠運作快車神經迴路這套緊急求生系統，來因應外部刺激做出及時又強大的反應。

　　創傷後壓力障礙是儘管在緊急情境已經結束並過了很長一段時間，或者當時的狀況已經有過許多更迭，大腦卻維持著只運作快車神經迴路這套緊急系統時所出現的現象，已經被啟動的緊急求生系統會在面對不怎麼樣的微小刺激時，也無條件激發強烈的情緒與身體反應，讓身體出現很多症狀。不僅如此，因為慢車迴路沒辦法確實運作，也就沒辦法好好管制超速的快車迴路所引發的過度反應，這也讓過激的反應會毫無盡頭地持續下去，於是我們可以說，到頭來對創傷後壓力障礙的治療而言，最為重要的目的就是協助大腦找回海馬迴的功能，並幫助慢車神經迴路重回原

本的角色，只有當海馬迴恢復本身的功能且慢車迴路重新運作才有可能「一朝被蛇咬，見草繩不驚」。

　　日常生活中發生的一般事件情報會透過快車與慢車兩種迴路傳遞給杏仁核以及大腦皮質。

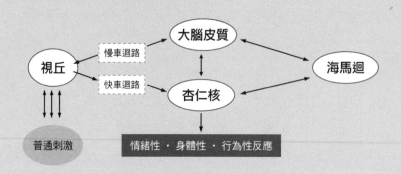

　　在威脅性的創傷事件發生時，因為慢車迴路被封鎖了，所以有關創傷的情報就會透過快車迴路只傳遞給杏仁核。

戰爭創傷

《與巴席爾跳華爾滋》（Waltz with Bashir）

導演　阿里・福爾曼（Ari Folman）

◆ 以色列、德國、法國 ◆ 2008

沒有能夠永遠隱藏的記憶

「當遇上具有衝擊性又痛苦萬分的經驗時，為了從意識中排除那份痛苦，便會發生人格分離的現象，這就稱為解離現象。」

——皮埃爾・讓內（Pierre Janet），法國精神病學醫師

用心理學用語來說，能夠原原本本認知現實中發生過的事實，加以接受並有效率的地做出應對的精神狀態被稱為「自覺現實」（realization）；反之，如果不能正確認知現實中發生的事實，無法接受並完全無法應付的精神狀態就被稱為「否定現實」（non-realization），因為現實中發生的事是太過痛苦的真相，所以乾脆否定一切，認定「那種事從來沒發生！」然而作出否定現實的舉動雖然能一時揮去痛苦，但長時間閃躲下去卻會大量消耗精神上的能量，為活在當下這檔事帶來更多障礙，這種否定現實的現象就是典型的解離症狀。

●●• 尋找記憶的拼圖 •●●

電影《與巴席爾跳華爾滋》在導演阿里的朋友伯爾茲向他說起每天晚上遭噩夢纏身的過程中展開，伯爾茲夢到被二十六隻凶猛的狗追逐的噩夢已經有好幾年了，他總覺得這個夢好像和二十年前住在黎巴嫩時發生在自己身上的事有關。聽到這個故事的阿里才訝然驚覺，自己多年來完全想不起二十多年前曾作為一個以色列軍人到黎巴嫩參加過戰爭的事，過去不斷經歷反覆的噩夢與選擇性記憶喪失。在聽了心理學家朋友說明這種現象大多和衝擊性極強的創傷事件有關後，他開始走訪當時曾在同一部隊值勤的

朋友，以及清楚當年黎巴嫩事件的人，並接著詢問這些人是否有過惡夢連連和記憶喪失等症狀，或者曾出現其他不能理解的現象、記得什麼記憶等等。透過從這些人身上訴說的故事，阿里慢慢開始一片片拼湊起在過去二十年間遺忘的記憶拼圖，就在拼出最後一片拼圖的瞬間，阿里福爾曼導演不得不直面也許他至死都不願回想起的恐怖事實——1982 年黎巴嫩發生由支持以色列的長槍黨旗下的基督教民兵組織，在以色列國防軍提供協助下屠殺巴勒斯坦難民時，他不僅就在非常近的地方，甚至還負責發射照明彈，間接協助了民兵隊的屠殺行動——這一切事實終於被他回想起來了。

首先如果我們想好好理解這部電影，可能就必須先某種程度了解一九八二年發生的巴勒斯坦難民屠殺事件，究竟當時的場面到底有多麼殘酷導致當時在場的大多數軍人都出現失去記憶、惡夢纏身、記憶閃現等創傷後壓力障礙的症狀？當時的政治局勢是這樣的：一九八二年以色列軍隊侵襲黎巴嫩，在占領黎巴嫩南部之後，便暗助黎巴嫩基督教領袖巴席爾，令他成為他們的魁儡總統，然而就在總統就職大典前夕，巴席爾被黎巴嫩的伊斯蘭勢力用恐怖炸彈攻擊暗殺，這使得推崇巴席爾的黎巴嫩基督教民兵團大為光火，就用清剿恐怖份子的名義奇襲了巴勒斯坦的難民村，沒犯下罪的一般民眾也受到波及，遭到無差別的屠殺。根據紀錄

顯示，在這場屠殺事件發生的三天內就有高達三千名的難民被殘忍地殺害，絕大多數都是老弱婦孺，用慘絕人寰來形容都不為過。

●●● 解離性記憶喪失 ●●●

　　電影主角阿里福爾曼身上所出現的記憶喪失症也能被稱作「解離性記憶喪失」，這種記憶喪失。和大腦內器質性異常或服用毒品酒精等藥物濫用所引發的類似症狀無關，換句話說，這也可以說是一種當一個人面臨無法承受的高壓創傷事件時，能使人遺忘事件相關時間帶或特定狀況的心理防禦機制作用。這種解離性記憶喪失其實是一種非常原始的防禦機制，當沒有多少力量的草食性動物遇見老虎獅子等強壯的肉食動物時，在這種命懸一線的危機中，牠們往往會當場失去意識昏死過去，我們也可以把這種現象當作解離性記憶喪失症狀的原型。和動物單純閉上眼睛裝死時的狀態完全不同，動物在危機中昏死時實際上會呈現全身僵死的狀態，當我們無法繼續為活下去拚搏、也沒機會逃跑，只能動也不動待在原地時，大腦會先發出避免讓身體受傷的命令，換句話說就是減少對末梢血管的血液供給，降低心搏頻率，如此一來便能盡可能避免受到嚴重傷害時可能發生的大量血液流失，並且為了減輕恐懼和痛苦，大腦中會盡可能增加分泌一種具有麻藥成

一邊吃著爆米花，一邊療著傷

分的內源性鴉片，幫助解除身體的緊張並讓意識變得朦朧，這會讓人覺得發生在現實中的那些活生生的威脅就像在夢裡發生的一樣，感覺不真實。於是在這種意識已然朦朧、經歷過程中總讓人感覺非現實的事件就在記憶裡被完全解離，隨著時間的經過也只能在無意識的深淵裡頭佔有一席之地，如此一來，針對那些事件的記憶也就一整個消失在意識之中了。

　　根據研究結果發現，創傷事件越是殘酷、經歷得越久，以及經歷創傷時人的年紀越小，解離狀況就會越嚴重。當粗暴的加害者過分靠近並施以威脅和危害時，我們會無法承受進而神經崩潰。被那些打破我們的神經警戒的某種事物侵襲時，引發的恐懼是無法用言語去描述的；被刀砍傷、受到槍擊，手臂或大腿被砍斷，或是遭受性侵犯，身體界線被侵犯的時候，說不定馬上就要死的壓倒性恐懼和不安就足以讓平凡的我們失魂落魄。不僅是發生在自己身上的事，當我們目擊其他人的身體到處撕裂、肢體支離破碎、鮮血狂流不止，整個人奄奄一息近乎垂死的殘酷畫面時，也會陷入精神崩潰的狀態。因為儘管不是自己去死，但眼前的他人正在痛苦地死去，想必一般人都沒辦法承受這種悲慘的時刻。同樣的，當一個人在年幼的時候經歷無法反抗的家庭暴力或曾目擊類似事件時，年幼的孩子只得時常使出精神淡出的戰略，在沒有人能關懷自

己、感覺被拋棄的時候，與其在恐懼中顫抖還不如選擇放空，這對一個年幼的孩子來說也許反而是一種比較舒坦的防禦策略吧。

●●● 解離後的記憶只是被藏起來了而已 ●●●

　　當時阿里還只是一個十九歲青澀的少年，一開始被派兵到黎巴嫩的時候也許是想要抹去心中的緊張感吧，他是以要去海邊郊遊的輕快心情出發的，然而過沒多久他就必須幫忙清理血肉模糊的屍體，也眼睜睜看著曾經一起笑鬧的戰友被槍擊中死得悽慘的模樣，此情此景才讓他真實體會到自己已經掉入地獄中的事實。在極端的恐懼和不安之中，大部分的軍人對自己正在面臨的現實往往無法正確認知，就好像自己正在看電影或是做夢一樣，也因為沒辦法忍受或許很快就要死的真實恐懼和巨大的不安，他們的腦內會自體分泌麻醉（內源性鴉片）讓感官變得遲鈍，也就是陷入了解離的狀態。所以連同阿里在內的大多數軍人都只是聽命行事，像個機器人般行動，毫無想法地反射性扣下板機，眼睜睜看著眼前無數人正悽慘地死去。在巴席爾巨大的肖像畫前面像跳著華爾滋一樣用機關槍大肆掃射的軍人們，看上去已經在不間斷的槍砲聲中精神崩潰，他們的行動也只是陷入解離狀態下精神渙散的行為，這場配合著奪取性命的槍聲跳著舞的獵奇畫面，或許就

是電影片名取為《與巴席爾跳華爾滋》的原因。

　　阿里在收到上級的指示去支援基督教民兵隊發動的恐怖份子查緝戰後，爬上了最能看清楚巴勒斯坦難民村的建築頂樓，整晚只是不假思索地打出照明彈，隔天早上進到難民村時，只是一名平凡少年的阿里，面對的卻是昨晚的他想像不到的殘酷殺戮現場，眼前出現的是恐怖的屍體殘塊，旁邊聽到的是無數親屬們痛徹心扉的哭嚎，此情此景讓阿里完全無法承受，瞬間呆住了。原本用動畫呈現的這部電影在這個畫面突然用了真人鏡頭，我想大概所有看了這部電影的人都很難接受這個真實的畫面吧！而阿里此時才意識到自己居然助長了四十多年前、也就是第二次世界大戰時猶太裔祖父母曾經歷過的地獄，為此他心中產生了無法釋懷的強烈罪惡感，為了不感受到這股罪惡感，才把當時全部的記憶都推到意識深處裡去。

PS

解離的記憶雖然一時之間會被隱藏起來，但終究不會完全消失，我們雖然能夠暫時躲開被解離的記憶，卻沒辦法永遠躲開，現在的人生也會隱約受到解離記憶的影響，於是毫無理由地出現噩夢，突然焦慮發作卻沒有理由，莫名其妙的失誤反覆發生，隨時隨地、一二再再而三⋯⋯

解離現象

解離是理解心理創傷的核心概念，一八七〇年代的法國精神科醫師皮埃爾・讓內第一次將解離定義如下：

「當遇上具有衝擊性又痛苦萬分的經驗時，為了從意識中排除那份痛苦，便會發生人格分離的現象，這就稱為解離現象。」

這種解離概念在皮埃爾・讓內提出之後，有將近一百年以上沒有受到專家們的矚目，但近年來又因緣際會開始重新吸引到許多專家的注意。實際上解離本身就不好說是症狀或是疾病，我們可以說解離是一種本能的防禦機制，保護人免於受到恐怖的心理痛苦和身體疼痛，然而問題是在於當一次強烈的創傷導致解離這種防禦機制被啟動後，從此觸發解離現象就會變得非常容易。雖然解離機制能夠在最初創傷發生時幫助人們躲開最糟糕的痛苦，但在那之後只要受到一點點小刺激就容易引發解離，等於許多因為創傷而遭遇痛苦的人將長期付出昂貴的代價。

二〇〇六年，荷蘭心理學家歐諾・凡德赫特透過長時間的研究，終於將解離現象分為一次解離、二次解離、以及三次解離。第一次解離是單純的創傷後壓力障礙；第二次解離是出現難以控制暴怒和加害行為等跡象的複合性創傷障礙；第三次解離則是像

一邊吃著爆米花，一邊療著傷

名著《化身博士》的那種多重人格。創傷在小時候反覆經歷得越多就越容易輕易產生二、三次解離現象。事實上雖然絕大部分的人都會覺得失去記憶或出現戲劇化人格轉換的多重人格才是解離現象，但根據歐諾的理論，無論是讓人對過去發生的事件到今天仍能如臨現場般恐懼的創傷後壓力障礙，或是受到日常生活中的微小刺激都會出現極端衝動和憤怒的警戒性人格障礙，這兩者都可以透過解離的概念去理解。換句話說，因為精神上努力想要正常過日子的人格，和保有過去創傷記憶的人格不是互相統合，而是在分離的狀態下繼續運作，所以可以當成是人格已經解離了。

關於解離的徵兆有以下一些信號可參考，這些信號雖然乍看之下和腦損傷或痴呆等病徵所產生的症狀看起來非常相似，實際上卻大相逕庭：

──── 解離症狀的信號 ────

- 茫然盯著空氣或無法理解周圍的聲音
- 無法集中注意力
- 即使經過多年的諮商和治療，症狀也沒有改善
- 不太記得童年時光
- 經常忘記現實生活中重要的事情
- 突然而然改變談話語氣、態度和話題

- 衝動和具攻擊性的態度
- 難以控制衝動（出現自殘、暴飲暴食、嘔吐、酗酒、盜竊癖等問題）
- 不明原因的劇烈頭痛、噁心
- 部分身體部位出現癱瘓狀態（somatoform dissociation）
- 感覺就像心離開了身體，像是在天花板上看自己的感覺
- 把自己當成是第三者，用第三者身分說自己的事
- 能聽到來自內心的聲音或有種外部思緒被注入進來大腦的感覺

（令人驚訝的是，這種症狀在四五十年前還是典型的精神分裂症病徵，即使在今天，大多數精神科醫生仍將這些症狀視為幻覺和妄想。）

小型創傷與大型創傷

《夏日 1993 》（Estiu 1993, Summer 1993）
導演　卡拉・西蒙（Carla Simón）◆ 西班牙 ◆ 2017
主演　拉雅・阿蒂卡斯（Lala Artigas）、
　　　布魯娜・庫西（Bruna Cusi）

孩子傳達喪失痛苦的語言

「不是只有那些會為生命帶來威脅的經驗才是創傷，內心平衡受到壓力影響
而崩塌的點會因人而異。根據每個人的年紀不同，以及男女的差異會有不同
的結果。」

——法蘭芯・夏琵珞（Francine Shapiro），EMDR 治療法創始人

近代以來學者之間對於應該擴大心靈傷口——心靈創傷——這個概念的意見逐漸抬頭，希望不要限縮規定創傷這件事僅限於會對生命帶來威脅的特殊事件，而是應該放寬定義去納入那些讓我們對個人和世界產生負面、不合理以及錯誤信念的所有人生經驗，一些專家們還開始提倡把創傷的種類分成大型創傷（big trauma）和小型創傷（small trauma）的意見。

●●● 小型創傷與大型創傷的概念 ●●●

「大型創傷」一言以蔽之就是戰爭、災難、自然災害、意外事故、暴力、童年遭遇的性侵犯、摯愛驟逝或是離別等，超出平凡日常經驗範圍的巨大衝擊事件，無論是膽小或勇敢的人、豁達或小心翼翼的人、小孩或大人都無所謂，大型創傷是一種幾乎對大部分的人類都會帶來負面影響的恐怖而強烈事件；相反的，「小型創傷」則是那些足以讓人失去自信心或自尊心，在日常生活中發生的「渺小」事件，例如小時候和父母分開生活的經驗、被媽媽嚴厲地責罰或故意疏離、因為是女兒而被奶奶藐視、多次被朋友欺負、因為尿急不小心在教室尿出來、在英語發表場合上失誤、小時候不小心迷路等等，都可以算是小型創傷。

當我們從客觀角度來看這些微小的經驗時，也許會覺得和大

型創傷比起來這些經驗並不具有威脅性，然而對自我意識還沒發展完全的孩子們來說，卻充分有可能因為這些經驗而受到精神上的衝擊，並出現恐懼和無法掌握的感受，更別說這些小型創傷並不是短期內一兩次的遭遇而已，大部分都是長期反覆遭遇的事，因此絕對不能輕忽這種長期累積下來的負面影響。「小型創傷」這個詞裡面的「小」這個字只是用來說明這些事件在日常生活裡到處發生，絕不是代表這些事件對孩子來說是「很小」的經驗。實際上根據近期的研究發現，小型創傷引起創傷後壓力障礙症候群的機會比大型創傷還要高，這顯示了小型創傷對孩子們的人生也帶來了許多負面影響。

我們時常對小型創傷所帶來的負面影響置之不理的其中一個原因是，遭遇小型創傷的多數孩童不太會將自己的痛苦表現出來，讓父母或周遭的大人知道。不！更精確來說，很多時候可能孩子們也已經使盡全力將痛苦表現出來了，只是在旁的大人們即使看了或聽了孩童非語言的表達，卻還是沒辦法察覺背後原因吧。其實如果沒有將視線放低、花費更多心思仔細留意孩子們的內心世界，往往就會把孩子們因為挫折和痛苦所流露出的反應當成不當的欲求、耍小聰明、胡鬧耍賴和撒嬌，也是因為父母錯誤認知了孩子們所表達出的痛苦，最後當然也只會從大人的立場給出典型的忠告和教誨。

「再耍賴就是壞小孩哦！」「不能太貪心！」「不要對姐姐那樣！」「要好好跟朋友相處啊！」「再抱怨的話你飯都不要吃了！」「吵死了！給我回房間去！」

對因為小型創傷而表現出挫折和痛苦的孩子們來說，這些話最後就變成這個意思而已：「表現出自己的難受是不行的！」他們會很快意識到無論怎麼樣表達自己的挫折和痛苦，狀況也只會變差的事實。最後孩子們不是幾乎閉口不談，假裝變成爸媽期望的乖小孩，就是想辦法自己把痛苦給麻痺起來，開始活得像行屍走肉。孩子們所選擇的這兩種應對方法都很有可能帶來嚴重的結果，特別是後者又更為嚴重，能夠順從父母的話那還算是好的，儘管充滿危機，但至少還能多少維持情感關係的線；但如果孩子的心是像後者一樣完全冰封了，再也不做任何表達的話，那很可能就會造成父母子女之間的關係斷絕，讓孩子陷入認為「這世界上真的沒有誰能幫我」的絕對孤立無援狀態，這種孩子將來多半會沉迷於能夠安慰自己、讓自己感到安慰的方法中，如電玩、音樂、酒精、毒品、自慰行為等等。

●●• 兒童的非語言性表達方式 •●●

電影《夏日1993》（Estiu 1993, Summer 1993）所展現的美德

是完全用孩童的視線來呈現一個失去母親的孩子所經歷的傷心和孤獨。不知道是不是因為導演用了自己的童年經驗為主軸拍成了電影，鏡頭非常細膩地順著年幼孩童的情緒線一路往下走。

在大城市巴塞隆納居住的六歲孩子芙烈達，在聽說母親因病去世後沒多久，就打包了行李搬到住在鄉下的舅舅家，幸好那裡有比自己可愛純真的表妹、細心照顧自己的舅媽、總是想逗她笑的好心舅舅等人等著她。舅媽總是殷勤地照料芙烈達，之前沒什麼朋友的表妹也會和他一起玩，常常亦步亦趨地跟在她後面。這樣平靜的生活持續了好幾天，期間都沒發生什麼大事，然而隨著時間過去，芙烈達的臉上卻開始莫名地流露出不滿的神情，因為這股不快的情緒實在太過鮮明又強烈沒辦法藏起，不久之後也開始透過明顯的問題行為展現了出來。芙烈達在去醫院的過程中毫無理由地耍起賴來，還硬是纏著舅媽幫自己綁連表妹都已經會自己綁的鞋帶，最後甚至突然拐騙表妹讓她陷入危險還差點受傷。芙烈達的種種古怪行為都非常難讓人理解，舅舅夫婦也驚訝不已，兩夫妻為此吵了架，也曾試圖導正和安撫芙烈達，但真的非常詭異的是，芙烈達卻還是一直這麼乖張頑固。

努力想用理性態度面對的舅媽對芙烈達說：「如果妳再不講為什麼變成這樣，那我真的沒辦法幫妳了。」雖然這麼說了，但

其實芙烈達的表情和行為早就一一傳達出了許多訊息，如果把芙烈達的非語言性線索綜合起來看，難道不就是想表達「沒有媽媽的我現在真的又難過又害怕，所以我需要特別的關愛和照顧！」這個意思嗎？然而對才年僅六歲的小少女芙烈達來說，沒辦法再見到媽媽的狀況是什麼樣的境界、該怎麼表達出失落感、自己需要的是什麼……這些對她來說都不容易用言語來表達（其實這對我們大人來說也是很難的事），所以才會用臉上的表情和行為來傳達出這些訊號，只是當大人沒辦法讀出這些非語言的特徵背後所隱含的真正情緒時，她的一舉一動都只會被視為貪心又善妒的幼稚耍賴行為。在這部電影中，舅舅和舅媽夫婦兩人其實已經展現出了超乎常人水準的耐心和包容力，他們覺得年幼的芙烈達非常可憐，也盡了全力努力想要愛護她，很顯然是有善良和藹的大人，很可惜的是對失去母親的芙烈達來說，她需要的是超乎一般程度的愛，也需要更多的特別關懷和照顧，只是這點卻沒被他們給看出來。

●●● 真實的同理心所帶來的力量 ●●●

最後芙烈達還是做出了「這裡沒有人愛自己」的結論，毫無計畫地試圖在半夜離家出走，只是當她真的離開家進到黑暗的樹

一邊吃著爆米花，一邊療著傷

林裡時，周圍暗無天日的漆黑卻觸發了她的恐懼，幸好正巧這時候遠方傳來了舅舅夫婦被嚇得魂飛魄散、著急找著她的聲音，芙烈達又回家了。「現在太黑了，我明天會走的。」 她在倉皇之中還臨時起意下了這個警告。當晚舅媽來到筋疲力盡深深睡去的芙烈達身後溫柔地抱著她，跟著一起睡著了，這是舅媽用行動對徹底鬧了一齣的芙烈達表達了「這時候我才有一點點開始了解妳」的心意，也許是拜此所賜，隔天芙烈達解開了自己的行李，改變心意決定再待在舅舅舅媽家一陣子。

隨著肅殺的關係一點一滴被緩解，這時芙烈達才漸漸開始從和舅舅夫婦和表妹一起生活的過程中，感覺到了熟悉和安穩的感受，在那之後也慢慢將自己心裡的感覺傳達給新家人知道。首先是芙烈達問了教自己讀書的舅媽：「舅媽妳沒有哪裡不舒服吧？」用這種方式將害怕自己信任和依賴的人消失的恐懼用語言呈現了。接下來也會偶然將自己的情緒用非語言的方式流露出來，某天晚上當芙烈達在床上和表妹和舅舅笑鬧時，突然毫無來由地哭得很傷心，這是當她從新家庭中感受到歸屬感和安全感時，芙烈達才終於能夠將失去母親的失落感用整個身體表現出來了，那股哀絕的傷感瞬間深深浸潤了她的心。

我想各位一開始應該也是用大人的視線開始看這部電影的

吧？那麼想必會覺得主角芙烈達看起來真惹人厭，但在電影最後體會到芙烈達真實心情的瞬間，應該會覺得芙烈達實在是個好惹人愛的孩子，這實在是很神奇的觀影體驗。

PS

我唯獨覺得在對乖巧聽話的孩子做出「你很成熟」「好乖好聽話」這類的稱讚時，小心一點會比較好。一個情緒管理與當下年齡不合、擅於忍住情緒的孩子，有很高的機率在長大成人後會變成像個孩子般的大人，這被稱為「成人小孩」（adult child），因為他們長期壓抑和否認自己的孤獨、恐懼、憤怒等情緒，這些情緒在以後他們變成大人時反而會重回大腦意識之中，讓他們重新感受到挫折和驚慌失措，所以會過度批評自己、過分想負責任、對他人的視線過於敏感，換句話說，他們傾向糾結在他人的評價和稱讚之中，儘管已經是個成人，卻還是像個孩子一樣。只能說幸好我們看到的芙烈達其實還不是一個老成的孩子，只是一個幼稚又稍微討人厭的小孩罷了。

一邊吃著爆米花，一邊療著傷

相對經驗下的創傷

個人因素將會大大影響一個事件是否能成為日後足以在個人心靈上留下深刻傷口的威脅和震撼性創傷，特別是根據當下年齡的不同，所謂威脅和震撼性的經驗可能有所不同。

對年幼的孩子來說，暫時與父母分離、和憂鬱而無表情的媽媽四目相覷、聽著父母高聲互飆髒話吵架卻無處可躲的時候、身體很痛苦或是內心孤單又惶恐時無人關心等等，這些都可能會在孩童心中留下創傷。

對青少年朋友來說，被朋友惡整、沒有從異性那邊獲得關注、團體活動的時候被孤立、在教室前面發表的時候不小心失誤、需要獨自照顧重病父母、被社區黑道叫去打的經驗等等，都可能會成為創傷。

而對成人來說，慢性的孤獨情境、配偶驟逝、罹癌、突然失業、經商失敗、遭背叛等經驗也都可能會留下創傷。就像上述羅列的案例，我們必須了解到根據年紀的不同，每個人對於某個事件所感受的不安恐懼，以及覺得無能為力的程度都不太相同，對不同人來說，會留下創傷的事件也都不一樣。如果能夠明確認知和接受會對自己帶來影響的創傷，那就能好好了解現在的人生，

對於決定未來人生的方向也會有幫助。

對你來說有哪些事件可能會留下創傷呢？

─── 大型創傷和小型創傷 ───

大型創傷的例子

- 天然災害：地震、洪水、酷暑

- 人為事故：三豐百貨倒塌事件、聖水大橋坍塌、世越號沉
  沒慘劇

- 無差別恐怖攻擊事件：大邱地鐵縱火事故、猶太人大屠殺、
  日軍「慰安婦」

- 交通意外

- 火災

- 強姦、性侵犯

- 遭受陌生人的身體攻擊

- 伴侶暴力：約會暴力、婚姻暴力

- 酷刑：不正當的監禁、陷害

- 戰爭：天安艦沉沒事件

- 兒童虐待：親生父母和繼父母的虐待

- 親離死別、喪親之痛

- 被重要的人背叛、背信或被外遇
- 目擊震撼事故
- 經常會目擊危險或殘忍的狀況（例如擔任警職、消防人員、
  急救員等）

小型創傷的例子
- 第一次上學，又緊張又害怕
- 交不起班費，被老師責罵和要求要帶爸媽來學校
- 戶外郊遊的時候是全班唯一沒帶午餐便當來的人
- 午餐時間不小心跟朋友吵起來，被其他朋友嘲笑了
- 在家裡或學校被笑胖
- 在英語口說比賽中太緊張，一句話都沒講就下台了
- 向單戀對象提出約會邀請被拒絕
- 在父母來觀賽的足球比賽踢進了自殺球
- 出車禍臉上留下傷疤
- 幫朋友辯護說不是他的錯，卻反而被老師罵了
- 被暴徒單方毆打、錢也被搶了
- 因為小誤會被班上同學霸凌
- 走在街上突然被大狗咬了

- 媽媽突然昏倒住院
- 被平時沉默寡言的父親搧了一記耳光
- 親眼目睹爸媽吵架的時候，爸爸突然打了媽媽
- 和家人一起去遊樂園時，不小心迷路落單了幾個小時

一邊吃著爆米花，一邊療著傷

小型創傷與大型創傷

《海邊的曼徹斯特》（Manchester by the Sea）

導演　肯尼斯‧洛勒根（Kenneth Lonergan）◆美國◆2016
主演　凱西‧艾佛列克（Casey Affleck）
　　　蜜雪兒‧威廉斯（Michelle Williams）

如果不能應付，
就乾脆徹底抹去的「情感表達不能症」

「『情感表達不能症』用英文來說是『alexithymia』，是無法用言語表達情緒
的意思，來自希臘語。承受心理創傷而痛苦的人不太會用言語來表達自己
心情的原因，是因為他們並不太能覺察自己所感受到的身體感覺是什麼意
思。」

——貝塞爾‧范德寇（Bessel Van Der Kolk），美國精神科醫師

曾經有一位個性很好、聰明又漂亮的年輕女性，因為接受憂鬱症治療而來到我的門診，在尋找觸發憂鬱原因的過程中，慢慢發現她的憂鬱主要來自於長期嚴重的孤獨和倦怠，以及長時間懷抱著不明原因的內疚感所引發的。這些日子以來，雖然曾經嘗試和許多男生交往過，但只要雙方的關係更進一步，她就會突然萌生和對方分手的想法。這樣的狀況反覆發生，隨著年紀的增長，家人對她的期待也逐漸變成負擔，連她自己都對雖然會持續想念著某個人卻在關係變親密的過程中開始閃躲的自己感到失望。當她閉上眼往她的內心去看時（進入一種催眠狀態），她突然想起了已經遺忘了二十多年的記憶，傷心地哭了起來。原來在她小時候身邊曾有一個能取代總是忙碌的母親，經常待在她身邊的角色，那是會陪她玩又愛護她的舅舅。在她生日那天，舅舅為了買她想吃的生日蛋糕而出門，卻不幸因為車禍過世了。令人驚訝的是，過去她心儀或幾乎要交往的對象幾乎都和她的舅舅有著類似的氣質和外貌，只是她沒有一次能和自己喜歡的男子維持穩定長期的關係，很快就會和對方分道揚鑣。或許是害怕自己喜歡的男生會跟舅舅一樣突然就不見，她會下意識地避免和他們更加親近。遺憾的是她卻無法在意識中認知這樣的事實，她只記得很久以前有一個很愛自己的舅舅，那個舅舅某天突然從自己身邊消失

了，因為她必須保護自己遠離那份無法承受的自責感，所以便把和舅舅有關的記憶都從意識中給消除殆盡，這造成她每次快要和男生進入關係時，那份混亂的心情和強烈的自責感又會被重新喚回來。

電影《海邊的曼徹斯特》中也有一個像這個年輕女性一樣的可憐主角，在經歷過一段難以承受的創傷後，他費盡心思想將事件本身拋諸腦後好能活下去。在這部電影中，主角為了避開創傷所帶來的精神痛苦而費心為自己打造了水泥牆一般的防護網，盡可能躲在裡頭對世事無動於衷，沉默地活下去。只是某天大哥突然離世，為了參加葬禮的他只好回了一趟老家，這趟旅程讓他經歷了一場更大的混亂。如湧泉般湧出的恐懼與絕望感襲捲而來，將他一向堅固的防禦網給打破了，他陷入痛苦的掙扎，連在鏡頭外看著主角被這份衝擊給動搖的觀眾都能完全感染他所承受的痛苦、傷感和混亂的情緒，看過這部電影的每個人都會有一段時間覺得像胸口被重擊一般，哀傷的情緒久久揮之不去。

◉◉• 對所有情緒都失去知覺 •◉◉

在波士頓的一處老舊公寓擔任管理員的主角李，過著非常索然無味又孤單的人生，清掃那些清都清不完的雪、修理壞掉的水

槽、更換閃爍的燈泡，他日復一日無知覺地做著這些無聊的公寓管理員工作，沒有摯愛的伴侶，也沒有能坦率相談的交心朋友，儘管如此，他也沒有能夠自得其樂的興趣，如果說有時間就喝悶酒是他唯一的休閒，那就算是吧，只是他有著一旦醉酒就惹事生非的壞習慣，和別人只是有點小誤會也會忍不住怒氣掄起拳頭揍人。對好不容易活下去的他來說，無論是人生的目標或是明日的希望，這些字眼都似乎是奢侈的，在他失魂落魄的臉上一點都看不到活力和生氣。一般來說在診斷這種狀態時，往往可能會說他是一個陷入嚴重憂鬱症的人，然而如果要更精確來描述，李現在的狀態用「為了麻痺創傷所帶來的情緒性傷痛，而出現的情感遲鈍狀態（emotional blunting）」來描述會更為精確，或是也能用其他專業用語——「情感表達不能症」（alexithymia）[1] 來說明。當一個人為了遺忘情感上的痛苦而選擇麻醉情緒的話，不僅會無法感受恐懼不安、罪惡感、傷感、憤怒等負面情緒，連開心、友情、愛情、好奇心、親密感等正面情緒也會逐漸感受不到，當這種麻醉症狀益發嚴重時，最終飢餓、飢渴、疼痛、忐忑不安、肌肉緊張

---

1 譯註：alexithymia 在中文有很多譯名，直至 2021 年都尚無統一翻譯，也可譯作「述情障礙」、「情感失語症」等等。本書將用作者使用的韓文諺文「감정인지불능증」直譯成「情感表達不能症」。

等身體知覺也會跟著喪失。原本只是想試著局部麻醉某個部分，最後卻變成跟全身麻醉一樣，壞的情緒、好的情緒、身體感覺等等都不見了，於是還活著的李卻變得像個麻痺的幽靈一樣。

實際上這種情緒的鈍感對創傷後壓力症候群患者來說也是常見的症狀，為了面對我們的大腦無法承受的記憶所發生的情緒性、身體性痛苦，把傳達情緒和身體感覺的腦迴路機能給靜止了，可以說就像很久以前的中國武術電影裡面，被毒針射傷的主角為了防止毒往全身擴散，乾脆壓住血穴麻痺全身一樣。實際上根據一些研究結果，在掃描這些人的大腦後會發現，他們大腦中能夠辨認身體知覺的領域幾乎都沒有正常運作，而這種大腦領域沒有正常發揮作用，使一個人無法認知身體知覺的狀況，也等於讓一個人無法認知自己的生活裡有什麼事正在發生，就像身體被一根長針刺進去，也還是沒辦法判斷痛不痛一樣。過去曾有一個實驗是讓受創傷後壓力障礙症候群所苦的人看一部充滿暴力的戰爭電影，接著再讓他們把手放進冰水中，看他們能夠承受多久，實驗結果是看完衝擊性暴力畫面的受試者，能忍受冰水的時間比正常狀況增加 30% 以上，這與注射麻藥性鎮痛劑嗎啡 8 毫克後的反應幾乎相同。

當一個人無法感受身體知覺的同時，等於也無法好好辨識自

己的情緒，原因是——如何主觀解釋我們身體知覺的綜合感官將會決定我們的情緒為何，所以如果沒辦法辨識身體知覺，最後就等同於我們無法掌握當下是不是有令我們驚訝的事正在發生，抑或是有令我們憤怒或開心的事出現，更嚴重的，是連危害自身的危險都無從感應，於是陷自己於險境的機會也隨之提高了。除此之外，知覺與情緒被麻痺的人是無法自主體會生活現實的，一言以蔽之，這樣的人簡直就和行屍走肉沒兩樣。

●●• 最痛苦的瞬間便是恢復的開始 •●●

　　喪失了求生意志，完全孤立生活的李，某天接到了血濃於水的親哥哥因為心臟麻痺而病危的消息，為了和哥哥見上一面的他，無可奈何地回到故鄉——海邊的曼徹斯特（美國麻塞諸塞州的一處村落名稱），只是當他風塵僕僕地回到故鄉後，等著他的卻是令他非常狼狽的狀況，哥哥等不到弟弟的到來，已經嚥下最後一口氣了，眼前留下的只有哥哥冷戚戚的遺言，更別說大哥還在遺言裡要李成為兒子派翠克的監護人。雖然哥哥總是站在李的身邊，但李的處境其實還沒能坦然聽從大哥遺言，因為過去好長一段時間裡，他必須麻痺自己的情緒，不斷洗腦自己「那不是真的、那種事沒有發生」才能勉強呼吸苟活，然而如今老家映入眼

　　　　　　　　　　　　　　　一邊吃著爆米花，一邊療著傷

簾的此情此景卻一再提醒他：「那都是真的！那件事真的有發生過！」如此這般不斷刺激他心中最痛苦的部分（刺激著還好好儲存著創傷相關記憶的大腦神經迴路）。這時的李其實已經陷入絕境，連短時間冷靜待在老家都沒辦法，他只能向還無法接受父親驟逝的姪子提出一起到波士頓生活的想法。然而姪子也還是一個無法體會迫切現實的十六歲青澀少年，他僵持著，堅決表示絕對不會離開老家，除此之外，更讓連喘口氣的空間都沒有的李為難的是，姪子還不斷央求他為爸爸留下的老船換新引擎。

最後為了等待溫暖的春天雪融大地，好為大哥挖墳下葬，李只好無奈地和姪子一起留在老家共同生活，但李的每一天都像在地雷遍布的地方小心翼翼閃躲地雷，過得非常不踏實，因為故鄉這裡到處都有無法預測的創傷觸發因子，就像刻意要嚇他一樣隨時出現。

某天他在路上偶然遇見了他絕對不想見，不，應該說是絕對不能見到的前妻蘭蒂。這一段畫面是我個人對這部電影印象最深刻的場景，已經再婚有了孩子、展開新人生的蘭蒂，希望他能原諒自己以前對他犯的錯，像是抱怨當時非常自責的李，以及在他正痛苦的時候離開他，蘭蒂還表白了自己仍然愛著他的心意，也真心叮囑他，希望他不要再徬徨，即使是從現在開始也好，都希

望他能揮別過去展開新的人生。然而蘭蒂這番誠懇的表白以及對李投射的憐憫情緒，卻反而觸發了李深藏在心底的創傷記憶，和蘭蒂的這般短暫相遇終究重新喚醒了他長期已麻痺而鈍化的知覺和情緒，受這份被喚回的痛苦知覺和情緒影響而感到混亂驚慌的李，在旁人眼中或許是很令人同情的，但從創傷治療師的立場來說，說不定這個極端痛苦的瞬間，對李來說卻能成為點燃恢復火苗的契機，只是他必須要能夠熬過這段期間被刻意壓抑下的巨大情緒和知覺痛苦，讓這份痛苦釋放出來。

　　針對因情緒鈍化而百般痛苦的人所做的治療，是從幫助他們自現實中意識、感受、表達和忍受過去那些麻痺的身體知覺和亟欲動作的衝動開始的。也就是說，當我們意識到所謂的「想起那件事心裡就很煩」、「覺得整個身體都要碎了」、「真的很想放聲大哭」、「很想大喊事情並不是那樣的」之類的身體知覺和衝動時，這些感受必須要能自由地透過身體表現出來才行，如果無法靠自己的力量做到，那接受他人的幫助也無妨。可惜的是，在這個重要的瞬間，李在絕對的痛苦情緒與知覺之前卻只能手足無措，不知道該如何是好，甚至在真心道歉並對自己表達關愛的蘭蒂面前，他連伸出手來都做不到，那可真是動彈不得，心靈和身體都完全凍結的狀態。最後李幾乎是心神不寧、逃跑似地跑回大

哥家，他對著姪子大吼說自己再也無法在這裡待下去了，就算一個人走也好，他要離開，話一說完，李就跑回波士頓去了。

電影用淒美的旋律作為背景，淡淡地讓我們看見這世界上有著即使時間經過也抹去不了的傷口，以及一輩子都需要在胸口懷抱著沉痛失落的重量活下去的悲劇命運。電影直到最後都沒有用溫暖的安慰和一丁點帶有希望的訊息來包裝，只稍稍用溫柔的視線來注視著李，雖然他像逃跑般一個人逃回了波士頓，但仍念著姪子派翠克說不定會來找他一起住，便收拾了自己的房間；以及一開始雖然一個勁的反對，但最後還是幫老船換了新的引擎，當作給派翠克的禮物，就像他們曾經做過的一樣，希望哪天兩個人笑著乘船的日子再度到來……

PS

如果想要了解主角所經歷的創傷有多麼悲劇，就需要看一次這部電影。看電影之前有一個注意事項，看完之後會有半天以上感覺心情沉重、一週左右笑不出來，我推薦大家只在狀況好的時候看這部電影。

刺激創傷的觸發要素

　　經歷了創傷以後，面對那些對一般人來說毫不起眼的微小刺激也會做出過度誇張的反應，特別是那些即使只能稍稍喚起創傷記憶的事情，這些刺激我們就稱為觸發要素。受創傷後壓力障礙症候群所苦的人在不得不面對觸發要素時，會先從「我現在在這裡」的現況跳脫出來，而過去留下創傷時所經歷的恐怖感受和情緒會同時栩栩如生地重現在眼前，所以對受創傷所苦的人們來說，所謂的生活就是死命閃躲那些創傷的觸發要素。

　　問題在於會刺激創傷記憶的觸發要素在日常生活裡到處都有，不管是去到事件發生的場所或類似的地方，甚至是看到和加害者外貌相似的人都可能輕易喚起過去害怕的記憶，場所和人即是觸發要素。受到集團暴力或霸凌的男同學可能會害怕年齡相仿的男生，光是看到學校建築就感到恐懼；被身穿黑色衣服戴眼鏡的人性侵的受害者，只要看到類似的衣著長相就會立刻感到驚慌失措⋯⋯而事件當時飄來的氣味和聲音，或是觸感等等也都是常見的觸發要素之一。例如發生交通事故時聞到的汽油味、汽車相撞時聽見的轟鳴和剎車聲、劃過柏油路的皮膚觸感等都可能會變成觸發要素，甚至連事件發生的時間或是季節也都有變成觸發要

　　　　　　　　　　　　　　一邊吃著爆米花，一邊療著傷

素的可能。有的人即使一整天都過得好好的，到了曾經遇過強盜的晚上十點卻會害怕得直發抖；還有人每當季節進到母親因為車禍驟逝的冬天，就會陷入深深的憂鬱。

有時不是外顯的要素，內在的狀態也會成為創傷的觸發要素。獨自一個人待在房間裡感受到的孤獨、被別人無視感受到的傷心、感覺動彈不得的煩悶感或被困住的感覺、其他人都很幸福卻不知道為什麼只有自己一個人莫名的感覺疏離等等，這些情緒都有可能會成為刺激創傷記憶的觸發要素。早上忙於工作或讀書上學時還能專注在現實上面，但每到了晚上獨自一人在房間裡的時候，又會不知不覺想起小時候所感受過的孤獨和恐懼記憶，然後便喝起酒或自殘起來，這種狀況也所在多有。

有些觸發要素很容易辨識，相反的也有一些觸發要素是幾乎無法辨識的，當一個觸發要素沒辦法被辨識時，即使已經擦身而過，卻仍可能突然讓人不安或被恐懼籠罩，這會帶來更大的恐懼和無力感，這時候就需要冷靜探索突然讓自己的心理狀態變得不安穩的觸發要素。

《無人知曉的夏日清晨》（誰も知らない）

導演　是枝裕和 ◆ 日本 ◆ 2004
主演　柳樂優彌、北浦愛

那些應該存在的東西卻不存在，
也是種創傷

「最能預知一個人在面對人生中無可奈何的逆境時多麼能夠應對自如的要素
是——出生後的兩年期間從第一個養育者身上所獲得的安全感程度。」

——艾倫・斯勞菲（Alan Sroufe），美國臨床心理學家

孩童無論如何都需要和養育者形成依附關係，因為依附是和飢餓一樣的生物學本能，為了生存我們對此沒有選擇的餘地，沒有人能在無法和他人形成依附關係的情況下存活。著名的精神科醫師和依附理論的創始人約翰・鮑比（John Bowlby）留下了這句話：「如果不能和媽媽溝通，我們終究也無法和自己溝通。」孩子透過和主要養育者媽媽之間的穩定依附關係，能夠理解自己的內心世界、和自己的內心世界做溝通，最終能夠好好照顧自己。也就是說，一個人要透過照顧自己（self-care），來得到內心世界的控制感，然而當依附最重要的對象──父母──沒有在孩子身邊守護他們，或是在身邊卻無法溝通、孩子喊餓卻無視時，孩子身上會出現什麼狀況呢？孩子很快會察覺到當自己又餓又渴時，無論怎麼樣哭鬧哀求想討注意力都沒用，自己身邊並沒有會安撫自己的養育者，時間一長，孩子會連自己一開始為什麼哭鬧都忘記了，這是因為他們完全無法和自己的內心溝通，只能隨時針對外部投射的刺激做出反應來生存造成的，這等同於在連眼前一寸都看不到、充滿凶險的人生中勉強生存，就像在沒有指南針的濃霧裡航行一樣。

●●• 養育者的放任和棄置 •●●

在二〇〇四年第五十七屆坎城電影節上成為最佳話題作而廣受矚目的電影《無人知曉的夏日清晨》，是以真實故事為藍本所創作的電影。一位女性將自己生下的四名子女留在破爛的公寓裡，幾個月都沒有回來看顧，孩子們就此被棄置甚至死亡。這件真實慘劇發生在 1988 年的日本東京，事件莫名其妙得讓人幾乎無法相信怎麼會發生。長時間放任年幼的孩子獨自過活，代表著父母對於孩子們的生死完全不聞不問。試想在母親沒有回來的期間，被丟棄的孩子們在這個險峻的世界上所遭遇的不安和恐懼有多驚悚？這幾乎是我們無法想像的。

　　與其說這部電影著重在孩子們所經歷的恐懼和悲慘，不如說是淡然地呈現了孩子們懷抱著母親總有一天會回來的渺茫期盼，一天又一天驚險度過的模樣。只是孩子們懷抱著一線希望的景況卻矛盾地讓觀眾的心更加沉重。

　　剛滿十二歲的長男阿光一開始至少還能像個小大人一樣照顧自己的弟弟妹妹，雖然他也還是想和朋友玩耍打鬧的年紀，卻沒辦法去學校，只能在家裡扮演媽媽的角色。他用媽媽寄來的微薄生活費到市場買東西、支付瓦斯和電費，也幫忙照看弟弟妹妹的功課，雖然從旁看來他似乎是毫無不滿地扮演了長男的角色，但實際上阿光自己也還是個需要人照顧的小孩，要怎麼樣若無其事

承受這個大人的角色呢？隨著時間的過去，阿光也開始覺得自己擔負的重任非常吃力難熬，只是如果當下的狀況可以讓他發洩憤怒和怨恨那便好了，現實是阿光也只能被動擔起責任，默默完成不負責任的媽媽所留下的荒謬任務。阿光在媽媽長時間失去聯絡的情況下，每晚戰戰兢兢地寫著家計簿，內心的不安更是無法控制的日益增長。

當緊握希望之線的手心快沒有力氣的時候，阿光終於忍不住失望的情緒對著偶然返家的媽媽說：「媽媽妳真的很做自己！」然而媽媽卻很厚臉皮地回說：「做自己？真的做自己的是你們跑掉的爸爸呀！怎樣？我就不能有幸福嗎？」阿光沒有回話，只能嘆了一口氣，深怕總算回到家的媽媽會因為自己抱怨又動氣，而選擇永遠離開家。阿光一句話也不敢說，因為這股不知道會不會被拋棄的恐懼實在太過強烈，他實在沒辦法將：「一個人真的好可怕，媽媽，拜託了！請不要離開我！」這番真心話給表達出來。然而或許是因為阿光沒有將自己的恐懼表現出來，不懂事的媽媽不知道是不是真的覺得孩子無所謂，就對孩子們說自己又有心上人了，說完便無情地離開了，在那之後更是真的完全斷了聯絡。當媽媽寄來的錢見了底、水和電都斷了時，阿光為了和弟弟妹妹一起活下去，不得不更加拚命了。他從便利商店拿來過期的食

物，深夜帶著弟弟妹妹用公園的水管洗衣服和盥洗，阿光和弟弟妹妹就像在冰冷的城市中央玩著生存遊戲一樣拚死掙扎。然而靠著沒有父母照料的年幼孩童僅有的天真生存戰略，卻不足以成為險峻世界的對手，他們就像幾乎要從懸崖峭壁上掉下來一樣，驚險的狀況接連發生。最後無可奈何的，最小的孩子死了。只是驚訝是一時的，傷心也是一時的，阿光判斷如果不想和其他弟弟妹妹分開，那他就得想辦法把死去的妹妹給藏起來，最後阿光就在妹妹平常喜歡看飛機起降的機場附近找個空地，把妹妹的屍體給埋了，無精打采地回到家。

　　小時候遭受嚴重心靈或身體虐待，對孩子來說當然會留下非常大的傷口，不過，如果孩子不曾有過必要的父母關愛和依附，對年幼的孩子來說也會成為致命的心靈創傷（trauma of omission）。如果父母在需要的時候總是待在身邊一貫地給予安全感，這份存在會對孩子們的情緒發展帶來絕對性的影響。父母實際不在身邊是問題，但如果父母實際在身邊卻不愛孩子，也不擁抱、稱讚他們做得好，在孩子怕得哭起來時不想辦法讓他們安心，那孩子們的情緒發展就會永遠停在那裡，就像不給剛發芽的花盆澆水、不給肚子餓討奶喝的小狗餵奶，最後終究會帶來致命性的結果。

「小時候我真的是個完全沒有存在感的孩子，就像家裡借來的大麥袋子一樣的存在。有一年的冬天好冷，我們走在完全結凍的湖面上，爸爸媽媽在前面緊牽弟弟的手走著，卻對在後面追得很辛苦的我連一句小心都沒有說。我很怕冰會破掉，也很怕在冰上滑倒，當下真的非常害怕，但我媽卻連看都不看一眼，我覺得她好像連我在那邊都沒意識到。我一個人既害怕又緊張，卻同時覺得自己很丟臉，這樣長大的我怎麼能感受到自己的存在價值呢？」

明明是每個人都必須擁有的關愛和依附，我的這名患者卻從沒有得到過，他因此沒辦法輕易丟掉長時間堅信的這個信念：「我是不值得被愛的、像垃圾一樣的存在。」或許對孩子來說，比起虐待，放任不管帶來的負面影響更大也說不定。

研究童年負面經驗影響力的學者發表了這樣的研究結果：和總是聽著批評和嘮叨長大的孩子相比，那些總是被棄置不管的孩子在長大成人時，更經常罹患嚴重壓力所帶來的解離障礙。也有研究顯示，如果媽媽本身罹患憂鬱症或受創傷所苦，導致沒有對孩子做出適當的反應，那麼這個孩子身上會比普通的孩子出現六倍以上的精神問題。許多孩子在被媽媽罵時會這麼想：「至少媽媽還有關心我」，相反的如果媽媽對自己毫無反應，那孩子反而

會陷入絕望感，覺得「我真的是沒有用又沒有價值的存在，所以才會沒辦法得到媽媽的愛和關心吧！」

●●• 夠好的媽媽 •●●

當我們一直強調「媽媽在孩子身邊對調節孩童情緒非常重要」的這件事，對媽媽們來說也許會讓心情變得沉重，所以在這裡我還想介紹另一個研究結果給大家。美國著名小兒科醫師及精神分析家唐納德·威尼科特（Donald Winnicott）曾提出這個概念：能塑造安定依附關係的媽媽、能察覺孩子欲求並做出精確鏡像反映（mirroring）的媽媽、面對孩子的攻擊性能夠緊緊擁抱安撫（holding）的媽媽、能提供給孩子最低限度的舒適和安全感的媽媽，以上這些都足以被稱為「夠好的媽媽」（good enough mother）。據說這種夠好的媽媽，實際上也只能調節孩子大約33% 左右的情緒而已，媽媽也不是神，要怎麼能百分之百調整孩子們複雜又微妙的內心世界呢？那是不可能做到的，也沒有做的必要。

那麼剩下的70% 要怎麼去彌補呢？那便是即使事後才做也好，家長需要進行「重新詢問孩子當下需要的是什麼，承認媽媽失誤落下的部分，將媽媽所理解的部分重新好好說明過」的關

係修復過程（repairing）。也就是說，即使每晚很晚才回家，沒辦法和孩子一起度過很長的時間，但媽媽可以先接近孩子、觀察孩子，詢問當天有沒有發生什麼事、需要什麼，以及需不需要媽媽幫忙、為沒辦法長時間一起相處道歉、說明「過幾天就週末了，到時候就能好好陪伴他了」等等，這麼一來就還是能為孩子建立穩定的依附關係。

這部電影的原始拍攝動機是源自發生在東京巢鴨的兒童遺棄事件，實際上所發生的事比電影還要駭人——和不同男子各生下五名孩童的母親，連為孩子做出生登記都沒有，甚至幾年間都不曾回家，只寄了非常微薄的生活費做為補助，當在家裡出生的三子因病過世時，她把孩子的屍體和除臭劑一起丟進了壁櫥。在媽媽放任孩子不管的期間，最小的孩子被大兒子的朋友欺負，最後也死了。當這個事件被大眾媒體報導之後，立刻在日本全國掀起了一陣波瀾，因為這些孩子被毫無責任心的父母給拋棄後所留下的生存痕跡實在是太悲慘了，最後孩子的母親因監護人失職（遺棄）、傷害致死與遺棄屍體等罪嫌遭起訴，被判處三年緩刑四年定讞，但不免讓人質疑——當初對孩子們毫無聞問的幾位父親，不也該被問責判刑才是嗎？

過了三十年後的今天，當初活下來的孩子如今在哪裡、過著怎麼樣的生活，真的很讓人擔心，因為總感覺那些孩子在那之後也始終沒辦法聽到：「爸爸媽媽沒辦法好好照顧你們，真的很對不起，這些日子以來是不是很害怕？爸爸媽媽來抱抱你了，安心休息吧。」這些能修復關係的話。

一邊吃著爆米花，一邊療著傷

關照自己

所謂的「關照自己」，指的是在高壓狀態下能體察自己需要什麼、能夠提供自己所需的行為，而這些行為能為自己帶來樂觀的效果，換句話說，關照自己做得好，就是把自己變成好心情、覺得幸福的狀態。

其實人會依據人生初期受到養育者照料方式的不同，而自然習得這樣的自我關照模式，養育者細膩的照料，會讓孩童體會到自己被鍾愛的人用心對待和理解的感受，也就是說，孩童一開始並不是靠自己養成經驗的，而是透過養育者而第一次體會到：「我即使只是現在這樣子，也是個還不錯而且珍貴的人。」當孩子從養育者身上得到舒適安全的感受時，這份感受將在他們未來長大成人時，成為幫助他們好好照顧自己的能力基礎，同時也代表著當他們在未來的人生遇到挫折時，心理上的恢復韌性也變強了。

然而與之相反的，不穩定依附關係建構下的孩童，無論這份不穩定的依附關係來自於虐待或是放任不管，他們終究會遇到養育者沒能察覺自己經歷的不安和不舒服的經驗，孩子不管怎麼樣都會希望來自於養育者的虐待和遺棄行為可以停止，並且深切希望可以收到他們的愛和關心，但終究會慢慢開始察覺自己什麼都

做不到的事實，這對孩童來說會是非常震撼的現實認知。

於是被迫處在這種狀況的孩子們，最後只能壓抑自己的欲求（need），反而會開始看出養育者的需求是什麼並且拚命努力配合，也就是麻痺自己的欲望而屈從於養育者的需求，這些日子一長，孩子們便會在不知不覺間堅信養育者的欲求就是自己的欲求。

當孩子抱持著這種信念長大，比起好好關照自己，折磨摧殘自己的傾向反而自然會增長，無論有多麼痛苦疲憊，仍是對自己充滿苛求並且百般折磨；與其安慰辛苦又煎熬的自己，更是習慣憎恨和批評自己。因為他們沒有學過怎麼好好關照自己，所以很自然地把折磨自己誤解成是在關心，如此一來他們也幾乎沒辦法理解所謂寬待自己、多愛自己這些話代表著什麼意涵，更是不懂要怎麼具體照料疲憊又難熬的自己。更有甚者，他們還會莫名地懷抱著錯誤的信念，堅信寬待自己就會萬劫不復，只會變得怠惰，或是愛自己是件非常自私自利的事等等，只要稍稍起了想好好關照自己的念頭，心裡深處就會大大傳來「你沒有這種資格」的批評聲，妨害他們試圖照顧自己。對他們來說，在壓力狀態下自我控制、自我安慰的能力明顯低落的現象更是自然的，最後因為面對創傷的抵抗力和恢復能力都很低，導致罹患創傷後壓力障礙症候群的機率也跟著大幅提升。

首先要好好理解什麼是正確的自我關照，以及好好找出最適合自己的照顧行為有哪些，突然想要關照自己也可能會是很生澀彆扭的一件事，好好照顧自己這件事無論如何都需要時間和練習，並且偶爾也需要他人的協助。

─── **真正的自我關照（真正對自己有益的事）** ───

- 充分攝取能幫身體充電、幫頭腦換氣的食物
- 確保充足的休息和充分的睡眠
- 泡個泡泡浴、做身體按摩
- 盡量多活動身體、做自己喜歡的運動（例如伸展、瑜伽、皮拉提斯等）
- 設定明確的界限，學會說「不」
- 先善待自己
- 對自己說正面積極的話（例如：「沒事的」、「做得好」、「很棒」、「現在休息一下也沒關係」）
- 與自己覺得舒適且有趣的朋友見面
- 沉浸在自己真正喜歡和感興趣的愛好中
- 深呼吸，專注於自己的身體感覺
- 冥想、培養宗教信仰

- 飼養寵物
- 任意大聲哭，大聲笑

────── **假的自我關照（最後可能會傷害自己的事）** ──────

- 過度減肥
- 酒精
- 遊戲
- 賭博
- 服用食欲抑制劑或瀉藥
- 刻意減少睡眠時間
- 刻意不休息
- 執著於完美主義
- 自責
- 透過鞭策自己來賦予行為動機
- 為了讓自己看起來像個人，不懂怎麼說「不」
- 因為害怕被孤立而強迫自己配合他人
- 為了化解對自己身體的不滿意而頻繁整容
- 為了改善心情而過於頻繁購物
- 為了安撫自己的孤獨而過度執著於異性

雖然是老生常談了，但「自我關照」的前提絕對不是為他人帶來不愉快的自私態度或行為，一言以蔽之就是珍惜自己的態度，這能幫助我們強化恢復能力以及好好面對問題狀況，且每一個人都有好好照顧自己的資格！

　　假如你覺得自己目前正處於沒辦法好好關照自己的狀態，那麼很有可能是陷在非常不安或是緊張的極端狀況中，自我照顧首先必須要在安穩的情況下才能實現，當你無法做到照顧自己時，首先要做的事要先找出什麼事能為自己帶來安穩舒適的感覺，並且想辦法接近那些事。

《老娘叫譚雅》（I, Tonya）

導演　克雷格・格里斯佩（Craig Gillespie）◆美國◆2017
主演　瑪格・羅比（Magot Robbie）
　　　賽巴斯汀・史坦（Sebastian Stan）

不愛我的媽媽

「孩子們總會根據生物本能來試圖建立依附關係，這是他們不能選擇的事。」

——約翰・鮑比（John Bowlby），依附理論創始人

在這世界上誕生的每個孩子都有如同白紙般的心靈，為了從母親身上得到生存必須的東西，孩子們可以哭、可以笑、有時挫折、有時奮戰，在這個過程中，孩子和母親之間的相互關係會決定孩子這張白紙上的畫是平和安詳的，抑或是充滿不安和憤怒的。當一個媽媽能夠主動發現孩子的需要，並給出：「啊，原來是這樣！」的反應，或是肯定孩子的意見，對孩子說：「對呀、好、沒關係」，母親的這種同理能力將成為一股協助孩子發展穩定心智的強烈能量，將來孩子們也能依照主要照顧者照顧自己的方式好好對待自己。也就是說，根據父母所採取的方式，孩子怎麼看待自己、照料自己的方式也會不同。如果父母能用充滿關愛的眼神看著孩子，並正確回應他們的需求，孩子就能夠認知到自己也是有價值的人，並且進一步覺察自己的需要，學會實際滿足自己需求的方法。

●●● 自戀自愛的母親 ●●●

雖然盡力保護孩子、養育孩子的母性是大部分的媽媽們都有的天性，然而每個母親同理和安慰情緒的能力又各有不同，基於各種不同的理由（憂鬱症、焦慮症、人際衝突、婆媳不和等情緒性問題最為常見）造成不太能同情和撫慰人的媽媽也很多，因為這些媽媽本身也過得很辛苦，她們沒辦法察覺孩子的需要，

也傾向於曲解孩子哭泣或耍賴背後的原因，當孩子在哭鬧或耍賴時，她們很容易生氣或煩躁，並且輕易認定自己的孩子是高需求或個性差的孩子。與其私下安撫孩子，她們反而會過份讓孩子在大眾面前丟臉，或讓他們對自己的期望落空，特別是當媽媽本身遭遇的創傷很多時，孩子的哭聲與吵鬧聲也會輕易刺激媽媽的創傷記憶，成為觸發媽媽內心深處恐懼與不安的誘因，最後媽媽可能會為了減輕自己的恐懼不安而開始任意控制孩子，這時在孩子面前，所謂「夠好的媽媽」已經不見了，隨後登場的卻是「自戀自愛的媽媽」（narcissistic mother），同樣的，自戀自愛的爸爸（narcissistic father）也會為孩子帶來很多創傷。

電影《老娘叫譚雅》演出了以惡女形象聞名於世的花式滑冰選手譚雅・哈汀（Tonya Harding）的故事，譚雅在一九九一年成為美國女性冰上滑冰選手中第一個成功挑戰高難度三周半跳（triple Axel jump）的選手，廣受大眾的歡迎。然而一九九四年譚雅的強力對手南西・克里根卻遭遇了詭異的突襲，導致膝蓋負傷。當這個事件與譚雅有所關聯的消息傳出之後，不僅是在美國國內，全世界都大感震驚。在那之後隨著譚雅與這個事件有關的證據接二連三出現，她也遭到花式滑冰界永久封殺。

這部電影從譚雅周遭人物的證言出發，饒富趣味地將這位美

國惡女代表人物譚雅哈汀的成長背景呈現在大眾眼前。我想當各位看完這部電影之後，應該也不會覺得她有多令人憎恨，為什麼呢？因為她的母親讓大家了解什麼才叫做「真正的惡女」，而飾演譚雅母親的艾莉森珍妮（Allison Janney）也因在這部電影中的耀眼演技，獲頒奧斯卡最佳女配角獎。

●●• 養育者的暴力言行 •●●

電影中譚雅的童年是在一天又一天超出一般常識所能想像的殘忍虐待中度過的，而加害者正是她極端自戀的媽媽。老公一個一個換的母親，似乎早早就死守著這樣的想法──以前沒能從老公身上獲得的東西，都要從譚雅身上獲得補償。她對待譚雅的方式真可以說是肆意妄為。譚雅的母親時常狡辯自己犧牲一切就是為了培養女兒成為滑冰選手，「為了你我犧牲了一切」幾乎是這世界上所有自私自利的媽媽都愛用的台詞，實際上她只是用譚雅來發洩自己沒辦法對丈夫宣洩的怒氣，只是為了獲得那些沒辦法從老公身上獲得的東西，才硬是把三歲大的譚雅拉到滑冰場上。

這或許是因為她自己也歷經一段沉痛的人生所造成的，自私自利的母親內心裡完全沒有了解年幼女兒需求的餘裕，不管怎麼說，填補自身缺陷的心情對她來說還是最為緊迫的事，她開始隨

意地操控和使喚女兒。儘管母親是如此，但譚雅仍然渴望從母親身上獲得認可，她還是日復一日拚命練習滑冰。只是對著這樣努力的女兒，母親又說了些什麼呢？

「妳太平凡了」、「妳沒什麼特別的」、「那算是有用心練嗎？」、「妳太弱了」、「我乾脆回家算了」、「妳就是做不好」、「妳醜死了」

作為一個媽媽要能像這樣專門挑羞辱人的話來講還真是不容易，更別說當譚雅和同齡朋友來往時，她還會對譚雅說教，告訴她所有的朋友都是敵人；而譚雅在練習時間尿急，她也會說滑冰場的使用時間浪費了太可惜，連廁所都不讓她去，最後讓她在滑冰場上失禮。如果在滑冰場眾目睽睽之下都能這樣對待女兒了，兩人單獨在家時又是怎麼樣的呢？暴力的言行從早到晚發生也是家常便飯吧？譚雅應該已經習慣了虐待，還把虐待當成司空見慣的日常，說不定還認為那只是因為自己不夠好而自然演變的結果。

●●• 內攝化的加害者聲音 •●●

和一個充滿暴力又自私自利的媽媽一起生活的孩子，內心往往會產生非常嚴重的矛盾，會因為媽媽很可怕而產生想要躲開的心情，也會產生想跟那樣的媽媽大吵一架的憤怒情緒。並且在那同時也會自覺到自己還沒有抵抗媽媽的力量，於是為了生存而死

一邊吃著爆米花，一邊療著傷

命看人臉色，盡量順從媽媽的意思過活。這種對同一個對象同時產生恐懼、憤怒，以及順從心理的狀況是令人難以想像的，非常痛苦和混亂的，當孩子對母親的憤怒日漸增長，卻又必須遏止憤怒的情緒才能活下去時，最後孩子內心世界就會被順從母親的意志給大幅佔據，而孩子自己的需求就這麼結結實實地給壓了下來了，即使知道母親的要求很勉強也無所謂，他們也要努力滿足媽媽所有誇張無理的要求。而在所有能貫徹這番努力的方法中，最有效率的方法之一就是把媽媽大聲喊出來的批評聲「妳太讓我丟臉了！反正妳就是做不好！」原封不動地、穩妥妥地收藏進自己的內心世界裡。這種狀況用專業術語來說，就被稱為「加害者的內攝」（introjection of perpetrator），同時也是一種在孩子的內心世界經常產生的現象。

當養育者的批評已經內攝化了，那麼在暴力的養育者開始責罵之前，孩子的內心世界就會開始響起批評聲，率先攻擊自己，這麼一來孩子在被養育者真正責罵之前就能提前振作，加以表現出養育者所期盼的行為。這種加害者的內攝現象做為一種以生存為目的的本能防禦機制，是年幼的孩子在受到虐待之下所能做出的最佳選擇。只是這種從小內攝化的加害者聲音，即使歷經了漫長歲月，都依然會對已經成為大人的被害者帶來很大的影響。在

一個成人每一次為了自身的幸福與成長而採取行動的當下，或是試圖從養育者身邊獨立出來時，「你真的是有夠丟臉又沒用的人，反正靠你自己什麼都辦不到，把我的話聽進去的就對了！」這種內攝化的加害者聲音，有意無意間都會發揮和童年時期一樣的強烈影響，甚至有很多案例是連加害者過世以後，被害者都無法輕易拋開這種影響力，所以無論盡了多少努力都很難輕易拋開自卑感、羞恥心、自我貶低等負面意識。

●●• 即便長大成人了，加害者的內攝化都依然存在 •●●

　　譚雅雖然是世界上完成三周半跳的第一人，但在那之後她在所有重要大會上都沒能好好發揮實力，儘管已經是超一流的選手了，卻仍然時常焦躁沒自信、對自己不滿意。我們要如何說明這樣的她呢？譚雅自己也無法輕易和老是闖禍的暴力丈夫分開，為什麼她沒辦法保護自己遠離只會帶來傷害的老公呢？我想大概是因為，在她的內心深處還是深深被自私的媽媽所帶來的批判聲給影響著吧？

　　「妳真的是不怎麼樣的人！反正靠妳自己什麼都做不到！」從小媽媽便不斷重複給她這個訊息，使得這番話已經深深烙印在譚雅的心底了，很遺憾的是這番尖銳的批評讓譚雅每次想選擇有價值、自己期望的人生時都會感到挫折，因此無論是作為運動選

手的成就、婚姻中的幸福、內在的安穩，她一個都無法得到。

　　某天心力交瘁的譚雅找上母親，似乎是想從她身上抓住最後一絲稻草，譚雅哽咽地問道：「媽媽妳有愛過我嗎？」

　　對譚雅的這個問題，母親卻只充滿譏諷地說：「妳說桑雅（桑雅·赫尼 Sonja Henie，挪威出生的美國花式滑冰選手）的媽媽有愛過她嗎？講什麼屁話！我可沒有只在家做菜而已，我還把妳變成冠軍了！妳有那麼多不滿我還不是都聽了也忍了，我說我做妳媽媽還是犧牲了呢！我還希望我有像我這樣的媽媽呢！妳說我溫柔又有什麼用！」

　　在這場戲中，譚雅看起來真的是個非常可憐的孩子。

PS

接下來要說的是之前曾來諮商的患者對我說的故事，每次在和這位患者諮商的過程中，我的心中都會出現「這位患者的心境和譚雅真的非常相似」的想法。

「小時候我媽把我丟在外公外婆家，自己卻待在很遠的地方，總要好一陣子才回家一次。小時候真的太怕被一個人丟在家了，所以硬是纏著要離開的媽媽，媽媽看到那樣的我發了好大的脾氣，還說我是她的累贅，最後可能因為我真的很死纏爛打，讓她不知道該怎

麼辦吧,她只好把哭哭啼啼的我也帶走了。當時的我一開始還覺得很慶幸,整天死跟著媽媽走到腳都要起水泡了,但只要我跟媽媽說我腳很痛,她就會大叫說要把我丟進糞桶裡面。我真的覺得自己很悲慘又丟臉,而且也很生氣,我媽完全不在意我的心情,也不關心我的身體狀況,只是一直反覆說著『要賺錢吃飯才有辦法活下去』之類的話。我當下只覺得一陣委屈又很生氣,真想一股腦說出心裡話:『我不是十五歲了,我才只有五歲多啊!為什麼我就是媽媽的累贅?我是妳應該要照顧的孩子呀!難道不應該要好好帶著我嗎?既然都把我生出來了,妳也應該要有一點覺悟才對吧!』但為了待在媽媽身邊,我只好忍住自己的心情,然後開始學著看媽媽的臉色、想辦法接近她,懷著那種矛盾心情的狀況真的讓人很困惑。突然有一天我有了這樣的想法:『妳反正什麼都做不到,不如乾脆都放棄好了,好好聽媽媽的話就好了,這樣媽媽才會喜歡妳!』從那時候開始我就下定決心要好好察言觀色,只做讓媽媽滿意的好女兒。」

最後為了在不顧自己的媽媽身邊留下來,孩子只能拚命忽略自己的需要,並壓抑正當的憤怒情緒,並且完全接受媽媽所拋出的各種批評,也總是以媽媽的需要為優先,這真的是讓人幾乎都要落淚的掙扎命運呀。

破壞性的自我狀態（Ego-State）

　　當一個人在童年時期遭遇強烈的創傷，孩子的內心世界為了減輕創傷所帶來的痛苦，會出現「破壞性的自我狀態」（destructive ego state），雖然這聽起來很奇怪，但從孩童的立場來說，即便是短暫的也好，為了遺忘不斷發生的創傷事件所帶來的恐懼和不安，就只能製造「自我破壞的自我狀態」（下稱為「破壞性的自我狀態」），從這個意義來說，這也代表著孩童身上具有保護自己的機能。

　　最常見的破壞性自我狀態是「內在批判」（inner critics），嚴格的完美主義者或是具有高度道德價值的內在批判者，會持續不斷批評孩子：「你沒能力」、「你很丟臉」、「這樣下去你不會有被愛的資格」，於是孩子便被這些內在的批評聲給包圍，只能不停地努力下去，因為在這種不斷自責和努力的過程中，多多少少可以減輕恐懼和不安的感受。

　　另一種常見的破壞性自我狀態是「攻擊性的自我狀態」（aggressive ego state），這種自我狀態是在即便只受到一丁點的無視或羞辱時，以著火般的極端形態宣洩怒火。儘管過度的情緒爆發會使得與周遭他人的關係都破裂，但這可以讓他們暫時遺忘恐

懼和不安帶來的無力感。我們可以說「自殘性的自我狀態」（self-harming ego state）也是攻擊性自我狀態的一種變體，無論是刻意在手腕或大腿劃出傷口，或是飲酒過量後不小心受傷，乃至於暴飲暴食再嘔吐的行為都可以說是有著自殘性自我狀態的行為，而這都是因為自殘——或者說攻擊自己的過程——或多或少能麻痺恐懼或無力感。

「沉迷在權力或掌控的自我狀態」（power obsessed ego state）也是一種破壞性的自我狀態，這是一種為了逃離在創傷狀況中感受到的無力感和恐懼，無止盡地想在生活周遭行使權力和掌控力的自我狀態。在這種自我狀態發達的人當中，也有不少人因此在事業或政治活動上取得成功，但先不管這些人是否已經在自己的領域中飛黃騰達了，實際上這些人往往完全不知道怎麼對身邊的人妥協，他們堅信自己的想法總是對的，試圖隨自己的心意去控制身邊的人，於是儘管他們的人生只會因此漸漸變得孤立和貧乏，但因為至少能不出現不安和恐懼的感覺，他們還是選擇追逐著權力和掌控力。

而在眾多破壞性自我狀態中最糟糕的狀態，則是將加害者原封不動的內攝化，一言以蔽之就是複製加害者相同行為和想法的自我狀態。如同前面所提到的，這都是因為在外部持續被動地遭

受加害者的傷害太令人痛苦了，於是乾脆在內心也打造一個和加害者模樣相仿的形貌，提前對自己展開攻擊。這時候內心的批判者，正手持著嚴格的棍棒高聲喊著：「你該打」、「你沒有活著的價值」，這是因為他們已經把醺酒之後變得暴力的父母形象給內攝化了，於是就把這些念頭錯想成是自己的想法，這種加害者的內攝化現象，往往會在有酗酒等嚴重問題的父母施加誇張的暴力言行時產生。

在童年時期就經歷創傷的許多人當中，常常因破壞性的自我狀態而痛苦難受，同時也認為應該要除去破壞性的自我狀態才對，周邊的親友和治療師也都會批評破壞性自我狀態的不是，並且千方百計想要消除它。然而就讓我們再重複一次：各種型態的破壞性自我狀態實際上是由各種不同的原因造成的，我們終究無法放棄它的功能。而破壞性的自我狀態之所以會產生，也是個體為了熬過艱難苦痛下的產物，就算現在這些自我狀態會持續引發問題並且阻礙自身的成長和發展，但它們終究是在一個人因創傷而感到痛苦的時期誕生，並且從那之後就持續發揮保護自己的功能，從這個意義上來理解，就不能否認並抹除他的存在。首先我們必須先理解先前自我破壞性的角色必須一直存在的原因。若說大醉一場或隨意發怒、自殘等破壞性自我狀態是一種保護自己的

方法，這本身當然不是一件很好同理的事，但如果能傾聽行為背後的聲音，並且努力理解和同理，那麼令人驚訝的是那些自我破壞性的行為有時也會自己消失，這是因為獲得某人的理解之後，漸漸地也就不再需要採取那些問題行為了。

《凱文怎麼了》（We Need to Talk About Kevin）
導演　琳恩·倫賽（Lynne Ramsay）◆英國、美國◆2011
主演　蒂妲·史雲頓（Tilda Swinton）
　　　伊薩·米勒（Ezra Matthew Miller）

腦中缺乏同理迴路
所帶來的災難

「過去被忽視而受傷的內在小孩，是人類一切不快樂的主因，所以說對童年時沒有被填補的需求感到真切的悲傷，才是治療的開始。」
　　　　　　　　　　　　——約翰·布拉德肖（John Bradshaw），美國心理學家

《凱文怎麼了》（We Need to Talk About Kevin）翻拍自知名的同名小說，這部電影衝擊性的題材受到廣大群眾和影評們的熱烈關注，同時也引起了不少爭議。實際上原著小說廣泛地涵蓋了家庭問題、種族歧視、擁槍爭議、犯罪等各種存在於當今美國社會中的問題，但電影中卻將焦點放在毫無理由就殺死無數人的精神病態者（psychopath）[1]——凱文的成長過程，讓觀眾從凱文是在什麼狀況下誕生到成長過程中家庭裡發生過什麼事，導致他最後殺了人等全觀的視角切入，但對造成反社會人格出現的眾多原因幾乎是掐頭去尾，只把重點放在凱文和媽媽之間的關係，看上去挺有說服力，也製造了不少精彩爆點，但另一方面也的確讓許多父母看了後反而心煩意亂。因為凱文這個反社會人格出現的原因顯然不只是因為「母親」這個因素，還有太多我們目前仍不清楚的原因在。

1　譯註：psychopath，中文譯名尚未統一，台灣國家教育院雙語辭書將「psychopath」對應為中文的「心理病態」或「精神病態」，在影視上另有「瘋子」、「神經病」、「心理變態」等通俗譯名。此處作者使用外來語詞彙，意即用韓文諺文標示英文 psychopath 的讀音，在之後的篇幅作者也會說明該詞彙在精神醫學上的意義，為了避免中文譯名造成閱讀上的混淆，本書如遇作者使用外來語翻譯，都會優先使用「精神病態」作為翻譯，並用括號附上英文原名以利區別。

●●●・「母親」這個突然被賦予的責任義務 ・●●●

作為一個周遊全世界、自由奔放的旅行家，同時也經營旅遊業的艾娃，是一個對人生充滿熱情的成功職業女性。某天艾娃在旅行途中遇到了卡車司機富蘭克林，兩人陷入熱戀，突然決定步入婚姻，結婚沒多久後更意外懷孕了。從電影中我們可以看到艾娃是不小心懷孕的，但小說的內容寫到了富蘭克林其實曾強烈拜託艾娃說「既然結婚了當然要有孩子」，艾娃沒辦法拒絕丈夫的主張，最後也懷孕了，問題可以說就是從這裡開始的——絲毫不顧太太猶豫的心情、單純按照社會風俗和自己的期望就認為老婆懷孕天經地義的老公，以及全然不知道不可以在自己內心還沒完全做好準備時就按照他人的意思懷孕的艾娃——凱文幾乎可以說就是在夫妻還沒有生育共識、問題還沒解決的過程中懷上的。

儘管因為無法拒絕丈夫的要求而無奈地懷孕了，但因為這不是艾娃內心真心期盼的懷孕，隨著時間的過去，艾娃越來越覺得懷孕這件事對自己的人生來說簡直像是鎖緊的枷鎖，讓她煩悶不已，她一點也不期待那個在肚皮底下日漸長大的孩子，只單純感覺到內心的混亂，對艾娃來說，在混亂的心理狀態中產下了孩子，開始哺乳、換尿布、給孩子洗澡的反覆過程，這一切該有多麼煎熬痛苦啊？

艾娃漸漸疲憊和憂鬱了起來，她很少對孩子顯露幸福的笑容，臉上反而多半掛著悶悶不樂和煩躁的表情，儘管工作到很晚才回家的老公也會短暫照顧孩子，還能一起笑著度過一小段快樂的時間，但這都遠遠不足以抹去艾娃必須使盡全力才能忍受的育兒壓力。當沒有人在身邊協助的情況下，她應該沒辦法好好吃、好好睡、好好洗澡甚至短暫地休息，如此疲倦的艾娃當然無法對孩子的笑給予任何溫暖歡迎的反應。當孩子哭著像是央求人來照顧自己時，她的內心可能會響起這樣的怨恨：「都是因為你我的人生才會變成這副模樣、這麼悽慘」、「你把我的人生都毀了！」但因為沒辦法直接對年幼的孩子出聲大吼，最後艾娃只能絕望地把應該要和孩子對視的眼神轉向虛空，這種情緒同理的缺乏，讓凱文哭得更是聲嘶力竭，但凱文哭聲的分貝越高，艾娃的絕望也就越深，等於是開啟了惡性循環。

在這樣的絕望中，艾娃恐怕沒辦法想像未來會招來更嚴重的不幸，也就是說在還不會說話的年幼凱文大腦中，共感神經迴路和衝動調節迴路的發展已然停滯，但那時候艾娃卻是完全沒有能力察覺。（更不用說對艾娃的憂鬱症和凱文尖銳的哭聲完全沒有察覺異樣的老公，其實也是造成問題更加嚴重的主要原因。）

●•• 前額葉皮質功能的喪失 •●●

反社會人格的特徵，主要可以說是缺乏對他人的同理、情感調節困難、對人類和世界懷抱怨恨和憤怒情緒，這是因為負責調節該機能的其中一個大腦部位前額葉皮質沒有正常發揮作用，為什麼偏偏是這個部位沒有發展呢？這是因為不同於手臂和腿部的肌肉，是透過蛋白質、必要胺基酸、脂肪質、礦物質等養分來生長，而大腦前額葉皮質的生長，則是令人驚訝的在和主要照顧者穩定的關係中吸收愛與關懷而加以發展的，如果因為某種原因，造成在成長的重要時期（critical period）依附關係並不穩定，那麼孩子就會在愛與依戀中挨餓，這種無法充實的情緒性飢渴最後也只能用恐懼不安和憤怒怨恨來填補，處在這種極端狀況下長大的孩子，他們的大腦前額葉皮質就只能停止發育了。雖然在我們的眼裡看不到，但這顯然是大腦中發生的事實，當養育者的虐待和忽視越來越嚴重、時間過得越久，孩子大腦裡所留下的後遺症，將是致命且永遠無法挽回的。

●•• 日漸消弭的緩衝資源 •●●

有的父母常常會說：「我小時候也是被揍大的，但從來都不覺得我有被虐待過」、「雖然我沒有受到足夠的關愛，但我從來

不覺得有被忽視。」說自己完全不能理解為什麼自己對孩子做出一樣的行為會是虐待或拋棄，其實這些話都算是相當有道理，因為如果從客觀角度去計較打孩子的頻率和輕重，現在的父母和以前相比，的確是沒有打得那麼多，且對孩子表示關愛和依附的頻率與強度也比之前的世代都來得多，這些都是事實，我非常能夠認同從常識上來說為什麼有些父母會沒有辦法理解。

　　但讓我們一起試想一下這個情境如何呢？以前被爸爸狂揍的時候，可以在房間被打幾下就逃去院子，或是跑到村子門口；如果爸爸大喊追來，住在隔壁的爸爸朋友、在那旁邊住著的爺爺、還有另外一頭的叔叔都可以衝出來擋住爸爸；如果媽媽因為生活過得筋疲力竭每天流淚，也沒有育兒的心力，那隔壁的阿姨、住在旁邊的外公、或者附近的小姨都能來安慰憂鬱的媽媽或幫肚子餓的孩子們做菜等等，以前一直有著地區性的社會支持體制，能為那些憤怒的父親和孤獨的母親分憂解勞，甚至代為保護哭泣的孩子。

　　但現在的家庭是什麼樣子呢？鄰居之間互不往來就像陌生人，親戚也不住附近，真的就是核心家族的時代了，能夠協助家庭虐待和忽視孩童的緩衝支援絕對是不夠的。根據最近的調查結果，約一百年前的孩子一整天能夠緊密相處的家族或親戚鄰居約

有十幾位，那最近的**數據**呢？孩子一整天能見到的親戚或家人，除了父母以外要不是沒有，就是有也只有一個，非常幸運的情況才有兩個。足夠讓孩子信任依靠並且能從中獲得愛和安全感，以及感受到被照顧的對象，只有爸爸媽媽兩個人而已。因此當這重要的兩個人出狀況時，期間對孩子所帶來的影響當然就只能是超乎想像並且致命的。試想我們在路上遇到獅子也得看是要拚命一決生死或是逃跑裝死，那麼一整天都跟嚎叫的獅子關在小房間裡的孩子，又能怎麼做呢？

●●• 扭曲的依附關係所帶來的悲劇 •●●

　　原本應該要從母親身上獲得愛與依戀的凱文，始終無法得到那份愛，反而是在不斷被推拒的情況下長大，內心充滿著對母親的不信任和敵意，儘管如此他的力量還是比母親小得多，如果把內心滿懷的不信任和敵意都表現出來，不知道會遭受母親什麼樣的懲罰，甚至還可能會被拋棄，凱文只好隱密又迂迴地開始想辦法讓母親更加煩躁疲憊。在父親面前他把自己的負面情緒都隱藏起來，在眾人面前裝作是一個好孩子，另一方面卻裝作不知道似的破壞母親珍藏的東西，或故意做出會讓母親暴怒的舉動。在凱文成長的期間，儘管總是很彆扭，但艾娃多多少少還是努力嘗試

扮演一個母親的角色，只是凱文卻仍舊不斷做出逾矩的行為，並以母親痛苦傷心的模樣為樂，逐漸長成了一個可怕的孩子。艾娃在生下第二胎之後，非常費心想要用更正面積極的態度來面對凱文，然而非常不幸的是，這時的凱文已經來不及建立正面的神經迴路去歡迎和接受母親遲來的愛了。在凱文的內心只充滿著對母親根本上的不信任，他深深認為：「反正都是假的，妳只是假裝愛我而已。」除此之外更是滿腹「既然妳都不要我，為什麼還把我生下來？」這種原生的憤怒感。

　　凱文終究只是面無表情地對痛苦的母親挖苦道：「熟悉的東西和喜歡的東西還是不一樣的，媽妳只是習慣了我而已。」

　　其實艾娃也是甩不開「在你出生之前我過得還比較幸福」的念頭，於是這個硬是裝作有愛的媽媽和一心充滿著不信任、堅持著「你從開始就沒愛過我」的兒子凱文，兩人之間的芥蒂只是隨著時間過去更加緊繃。

　　其實凱文的挖苦以及故意作怪的行為，也可以看做是為了測試母親所做的實驗，當孩子一直以來都相信母親是不喜歡自己的，但某天母親卻突然主動示好想要親近，多半會讓孩子對母親的意圖起疑並產生抗拒，總的來說，這也可以說是一種很自然的推拒反應，如果艾娃能嘗試去接受凱文的推拒反應並再選擇接近

　　　　　　　　　　　一邊吃著爆米花，一邊療著傷

他一次，狀況會變得怎麼樣呢？如果她能這麼說：「媽媽以前都不知道你是這樣想的，媽媽之前都做錯了……對不起，但媽媽是真的很愛你。」即使晚了一點也沒關係，如果能這麼對凱文說的話，凱文內心的疙瘩或許多多少少能化解一些也說不定。

最後凱文在即將迎來自己十六歲生日之前，就像要紀念自己悲劇的誕生一樣，徹底鑄下了大錯，他在學校體育館大門鎖上大鎖，在同學們都逃不了的狀態下，用槍展開了人類大屠殺，一個又一個追殺在場的同學。電影中並沒有精確說明這場駭人聽聞的殺人劇背後是否有更直接的原因，我們如果要推測這個表面顯著原因並沒有被透露的真實殺人動機，那或許是因為長期佔據在凱文無意識的深層內心世界裡面，那些無窮無盡的被害意識和憎恨，在偶然之間突然衝上他的心頭吧？對想要獲得母親的愛──這種基本的需求都無法被填滿的凱文來說，在他身邊活得無比平庸卻能笑得無比開懷的所有人，都是值得憎恨的對象，因為連他們平凡的人生、幸福的笑容、自由的舉止，都能讓他自己的存在變得更加悽慘呀！

只是凱文連他平常都沒有刻意顯示敵意的爸爸和妹妹都殺了，為什麼反而沒有對他平常最厭惡的媽媽痛下毒手呢？是為了對存活下來的母親帶來更多可怕的痛苦嗎？或者是希望有人能照

顧活下來的自己呢？還是說實在沒辦法完全放棄也許某天就能從母親身上獲得關心和愛的念頭？雖然不知道在那之後世界的運轉是否如凱文所期望的，但總之和進到少年監獄的凱文比起來，在外面獨活的艾娃看起來更加悲慘卻是事實。她不是在外面被偶遇的被害者父母打巴掌，就是得擦去討厭艾娃的附近鄰居往自家牆上潑上的紅漆。記得艾娃長什麼樣子的人只要看見她就會在背後竊竊私語，說著輕蔑她的八卦，艾娃到底要怎麼繼續活在這樣的地獄裡呢？既然原本的工作是作為旅行家，那倒不如去一個沒有人認識的遙遠國家生活，只是艾娃就像一個選擇承受自己罪責的人，她繼續留在一無所有的小村莊裡，繼續過著她充滿屈辱的人生。

　　艾娃只要一有時間就會把家裡的裡裡外外都打掃一遍，她跪在地上用力刷洗著地板上的漆，弄得地板咯吱作響，花很長的時間用刮鬍刀片刮除玻璃窗上留下的漆，接著再把凱文的房間收拾得乾乾淨淨，是想在那裡等著總有一天會出獄回家的凱文嗎？或者其實艾娃是一心想找出為什麼那個事件會發生在凱文身上的原因，以及事已至此究竟還有什麼能為凱文做的呢？這或許是非常深遠的課題，而關於這些問題的答案，則是我們都要一起思考並找出來的。

一邊吃著爆米花，一邊療著傷

在電影的最後一幕中，艾娃問了凱文：「為什麼那麼做了呢？」凱文面無表情地回答：「我曾經以為我知道為什麼，但現在我也不知道了。」我想或許有很高的可能性是連凱文自己也不是很清楚那個問題的答案吧。小說中艾娃最後的台詞是：「我也對不起你，凱文，我也對不起。」我自己認為這句話反而對凱文來說是更有意義的影響，儘管或許這一切都不能說是艾娃的錯。

反社會人格障礙與精神病態的差異

　　雖然所有的精神病態者（Psychopath ）都是反社會人格障礙者（antisocial personality disorder），但並不是所有的反社會人格障礙者都是精神病態者，一般而言，反社會的人格障礙和精神病態者在使用上時常被當成相同的意義，但其實兩者略有不同。如果說「反社會人格障礙」是將焦點放在外顯性問題行為的一種精神疾患的正式名稱，「精神病態者」則是指稱對他人缺乏同理、徹底自我中心、冷血的態度等心理特徵的用語。假使我們說反社會人格障礙是涵蓋範圍較廣的概念，那精神病態則是相對比較限縮且略為狹隘的概念，因此有些學者認為反社會人格障礙者中只有一部分可算是精神病態，也就是說，我們可以大致推測關入監獄的犯罪者中有 50%~80% 可能被診斷為反社會人格障礙，但在他們之中真正的精神病態者卻只有 15%。

　　根據二〇一三年度美國精神醫學會上修訂的精神障礙診斷準則手冊 DSM-5，「反社會人格障礙」的診斷準則如下：

一邊吃著爆米花，一邊療著傷

A. 從十五歲開始表現出忽視和侵犯他人權利的行為傾向，
   且該行為必須至少滿足以下三項條件：

1. 屢次犯下不法行為而被逮捕等，不遵守法律和社會規範。

2. 有經常說謊、使用化名以謀取私利的慣性欺騙傾向。

3. 容易衝動或毫無計劃就採取行動。

4. 容易衝動和好鬥，經常與人打架或主動攻擊他人。

5. 不顧自己或他人的安危魯莽行事。

6. 慣性不負責任，無法穩定持續某個工作，也無法履行財務
   責任。

7. 會傷害或虐待他人，即使偷了別人的東西也不會有罪惡感。

B. 接受診斷時必須至少年滿十八歲

C. 滿十五歲之前必須要有開始出現品行障礙（conduct
   disorder）[1] 的紀錄

D. 反社會性的行為並非在思覺失調症或兩極性障礙發生期
   間發生

---

1 譯註：品行障礙（conduct disorder），另有譯名為「行為規範障礙症」，此處使用原作的
  漢字翻譯「品行障礙」，同時也為常見譯名之一

如上述說明的，有反社會人格障礙的人往往從小就常犯下引人注目的事故，從小就開始欺負人、經常找人打架、偷東西、無法遵守基本的約定等，經常往返少年院和感化院，即使長大成人後也往往很難適應社會，不僅缺乏在職場中完成指派任務的能力，也很可能在人際關係中鬧事而被解雇，除此之外也普遍同時具有酗酒、藥物成癮、賭博成癮、性成癮等各種問題。

　　與此不同的是，所謂的精神病態者（Psychopath）相較之下卻比較能隱藏自己的問題和情緒，因為表面上能夠做出和常人一樣的舉止，周遭的人對他們的評價往往會是老實有禮、做事也很精實等。有些精神病態者因為頭腦很好教育水準也高，事業上已經相當成功，也很能管理自己的行為，所以也懂得預測和盤算做出某些反社會性的問題行為後會為自己帶來什麼後遺症和危機，反而更善於隱藏犯行的證據。同時也因為能言善道，還能巧妙地控制身邊的人，說謊的功力更是精熟，能讓其他人深信不疑。這些人看起來可能是非常有魅力的，也可能會一直都有很多人在身邊，但因為缺乏同理心，他們往往無法建立穩固的人際關係，大部分都獨自生活。

　　考慮到這些特徵，電影中的凱文或許是個更為接近精神病態的例子，因為他會犯罪與其說是不熟悉怎麼做好情緒控管所造成

的，不如說有很高的可能性是基於他缺乏對他人的同理能力，不太會有罪惡感，以及極度自我中心式的思考方式所引發的。至於事到如今還有可能在凱文身上起任何正面的變化嗎？凱文的腦中未發育的憤怒調節迴路與同理迴路如今能夠重新好好發展嗎？唉……凱文的事真是越說讓人越心煩了呢。

童年創傷

《窒息暴戾》（Breathless，똥파리）

導演　梁益準（양익준）◆韓國◆2008
主演　梁益準（양익준）、金花雨（김꽃비）

暴力會代代相傳

「創傷發生的越早、越嚴重，並且持續越久，所帶來的連鎖效應就會越負面、越深遠。」

——《心理創傷的諮商與治療原則》，

約翰・布里埃（John N. Briere）、凱薩琳・史考特（Catherine Scott）

二〇〇九年上映的電影《窒息暴戾》（Breathless，똥파리，又譯為「綠頭蒼蠅」）早在韓國上映之前就已橫掃海外各項大獎，引發不少關注。梁益準導演自編自導自演，甚至自己擔任剪輯、製作和宣傳，據說這部電影拍攝製作的條件原本就非常艱難，在多次拍攝中斷又重啟的情況下，他甚至把自己房子的全稅合約解除，用房子的資金完成了這部電影。在歷經艱辛下上映的電影《窒息暴戾》意外廣受觀眾喜愛，是韓國第一部創下十二萬名觀影紀錄的獨立電影，如果用大家常說的「獨立電影的一萬名觀影的水準就等同於商業電影一百萬名的觀影紀錄」，這部電影幾乎等於是千萬觀影紀錄一樣，吸引非常多的觀眾矚目。

　　然而，實際上這部電影《窒息暴戾》並不是一部能夠讓人冷靜坐下來觀看的電影，算是相當令人難受，因為電影從頭到尾不斷呈現出毫無理由的惡劣辱罵與暴力，讓人忍不住撇開頭，觀影過程更是坐立難安。

●●● 家暴環境下孩子的大腦狀態 ●●●

　　這部電影光是觀看就讓人非常不舒服了，如果孩子真的在這種高分貝的辱罵和無時無刻的暴力下成長，他們的腦中會出現什麼樣的現象呢？用一個比較好理解的比喻——孩子的大腦可能會

跟在槍林彈雨的戰場上面對死亡恐懼顫抖不已的菜鳥新兵一樣，因為從孩子的角度來說，在這種情境下生活，就跟電影《美國狙擊手》和《與巴席爾跳華爾滋》中演出的戰爭現場沒兩樣。日復一日在暴力和辱罵聲源源不絕的家庭環境中長大，年幼孩子的腦幾乎就是一直處於最高水準的憤怒與警醒狀態，當大腦一直維持在極端憤怒的狀態下，當然會留下各種不同的後遺症，其中一項就是神經認知（neuroception）[1]會變得非常敏感。所謂的「神經認知」指的是從外部接收資訊時，依照本能去判斷該資訊是安全、危險或是非常具威脅性的一種能力，也就是說，神經認知系統可以說是一種信號指示燈，當外部刺激出現時，會及時判斷該刺激並往我們全身發送信號，像是綠燈表示安全、黃燈表示危險、紅燈表示對人身會帶來非常嚴重的危機等信號，這種神經認知系統如果能好好運作，則我們無論在哪種狀況下，都能正確判斷外部刺激的危險度，並做出適當的應對。

現在讓我們聯想一下一個人在黑暗中散步時的情況，當我們看到前方有人走來時，當下不知道對方是敵是友，於是能不能夠

---

1 譯註：neuroception 目前沒有正式的中文翻譯，常見翻譯為「神經覺」、「神經知覺」，本書將沿用作者所使用的漢字譯名「神經認知」。

快速識別前方這人對我們是綠燈、黃燈或是紅燈，對我們來說就是和生命直接相關的問題了。敵人出現時還亮綠燈是不對的，而友軍出現時卻亮起黃紅燈更是另一種嚴重的問題。從小就處在暴力家庭環境下的孩子，他們的神經認知系統已經變得非常敏感，外部來的大部分刺激都會被直接當成是黃燈或紅燈，所以只要有一點點壓力或矛盾產生，就算對年幼的孩子來說可能還只是黃燈層級，但處在敏感狀態下的神經認知系統還是會毫無理由地把對方視為高危險層級的敵人，直接發送出激動的信號。如此一來孩子就得趕快選擇是要死活反抗下去，還是要拚命逃跑呢？如果孩子已經習慣做出總是要先打過一番的決定，那麼暴怒的情緒就會變成他們的日常，因此隨時懷疑且提防身邊的人，無法對他人展現親切或是關懷的行為，也完全無法做到相信或依賴朋友的行為。神經系統為了要在暴力環境中生存，而變得極度敏感，那份敏感影響了個體在社會環境是否能夠生存，甚至連與人相處都有困難。

●●• 幼年孩童扭曲的成長 •●●

　　電影中的主角承勳用一句話來形容就是一個不受控制的野獸，他的暴力傾向幾乎是完全無法掌握的，隨時隨地都可能爆

發，簡直就像是一個火藥庫，不論對象是誰他都能隨時隨地辱罵或拳打腳踢。他在一個能夠發揮這種特性的惡劣高利貸公司工作，平時就是要不抱任何憐憫地對那些無力還債、處境堪憐的債務人施暴或威脅，把欠的錢給拿回來，他心中沒有任何一點同情心或體諒，就是每天沒頭沒腦地揍這個打那個的，甚至只要有點不愉快，他連對同事都能掄起拳頭。到底是什麼樣的成長環境讓承勳擁有這麼暴力的人格呢？

關於這個，我們從承勳在監獄裡蹲了十五年好不容易結束監獄生活的父親身上大概可以做出一些猜想。對著已經上了年紀沒有力氣、苦苦哀求承勳原諒的父親，承勳都能不講情面地又是踹又是罵，這些行為看似違背倫理讓人完全無法接受和原諒，但承勳毫無慈悲心的暴力根源就是來自於十五年前父親所帶來的可怕創傷事件，在承勳的大腦中至今仍會鮮明地重現那段讓他的童年變為地獄的那一天。

雖然已經算是習以為常的事了，十五年前的那一天，承勳的父親一如往常地醉酒回家開始對母親施暴，怕得要命的承勳自己一個人坐在小小的方席上一動也不敢動，眼裡幾乎可以說已經失去了焦點，完完全全被恐懼給震懾住了。電影中那個怕得不得了的年幼承勳真的讓人非常深刻，畫面也非常真實地展現了什麼是

被恐懼嚇住的樣子。當著急的妹妹主動站出來說要阻止爸爸時，卻被大醉的父親手裡揮著的刀給刺傷了，看著一切的承勳揹起流著血昏倒在地的妹妹死命往醫院跑去，但抵達醫院時妹妹還是回天乏術了，禍不單行的是，連慌忙跟著承勳往醫院去的母親都遇上車禍當場死亡。

　　面對母親和妹妹突如其來的死別，以及父親被捕入獄的狀況，承勳只能一個人孤零零地長大，在他的內心深處究竟發生過什麼事呢？我想大概在很長的時間裡，他都不斷責怪著自己是個丟人現眼的膽小鬼，連自己的母親和妹妹都救不了吧，他大概也原諒不了在父親的暴力面前只能害怕得顫抖卻毫無能力抵抗的自己。承勳給人的樣子感覺是為了保護年紀還小的自己，以及為了給弱小的自己懲罰，內心深處那個憤怒的自我便就誕生了，並且還不斷成長茁壯。從某種角度來說這是為了保護自己而不得不為的正常防禦措施，因為只要稍微猶豫或顯露出脆弱的樣子就可能讓自己陷入更危險的境地。於是他把總是在恐懼裡顫抖的幼小自我往無意識的深處裡推，只剩下狂暴忿恨的自我在承勳的意識裡頭成長，為了生存，承勳憤怒的自我更是蠻橫猖狂了起來。向原始憤怒自我借力的他。隨著日子一天一天過去，漸漸地對打架更加嫻熟，也越來越習慣對人拳打腳踢，變得越來越敏感的神經認

知系統把周遭的人都當成具有威脅性的敵人，大腦的憤怒調節裝置也已經故障了，於是他頻繁出現的暴力行為，最後終於陷入失控狀態。

●●• 正面積極的記憶會成為痊癒的基礎 •●●

　　一貫展現出憤怒和暴力形象的承勳其實有時也會顯露出令人難以理解的另一面，和原本的形象截然不同，那就是當他在面對同父異母姐姐的兒子——也就是外甥亨仁時。雖然他難免也會對年紀小的外甥說些嚇人的話，但他作為舅舅對這個外甥的溫柔憐愛和關心是藏也藏不住的，承勳只有在面對這個外甥時，神經認知系統的信號才會變成綠色，並因此感覺到安全，承勳在面對他人時絕對不會顯露的溫暖人類情感似乎也只對這個外甥表露，為了讓在這個粗魯的舅舅面前羞赧退縮的外甥開心而煞費苦心。這是一個非常重要的信號，告訴我們在惡毒的承勳內心一角，仍然還有一抹雖然小卻溫熱的暖流在，如果連對幼小的外甥承勳都能不仁慈地隨意辱罵和展現暴力，那光是想像那個情景就令人害怕。其實仔細看承勳時會發現，儘管他看起來總是隨時準備好暴怒和飆罵，但他的內心還是存有幾段還帶著溫暖氣韻的人際關係，像是和同父異母姐姐賢書以及老朋友萬錫之間的關係，我們

知道承勳在和他們相處時，神經認知系統裡會微微亮起綠燈。我個人覺得電影中微妙勾人的部分，正是承勳和高利貸社長兼老友萬錫之間的友情，儘管兩人之間的相處總是充滿著粗魯不堪的髒話，成天爭吵不斷，但還是明顯可以感覺到兩人之間存在著良善的友誼，這麼看來其實承勳內心裡還是有幾盞綠燈是亮著的。

在承勳拉拉雜雜的人生中，某天出現了女高中生妍熙，妍熙的家庭背景簡直不輸承勳，她在一樣不幸的家庭中長大，父親參加越戰後罹患了不治的精神病後遺症（恐怕就是創傷後壓力症候群），母親經營街邊的小吃攤艱辛地維繫著家庭，卻被當地的黑道拿鐵管打死了，誤入歧途的弟弟終日不斷跟妍熙要錢，動不動就是對她又是打又是罵，妍熙就和承勳沒兩樣，是在跟戰爭無異的家庭環境下勉強熬過來的。只能說幸好妍熙並不是暴力和憤怒的化身，儘管也還是個不聞世事的高中生，卻一點也沒有走上歪路，還是努力想辦法要維繫處境艱難的家庭。承勳慢慢對處境相似的妍熙產生了微妙的同類感和憐憫，雖然彼此沒有掏心掏肺地把糟糕的家庭史和困難的遭遇說出來，但奇怪的是兩人在互罵之餘也慢慢親近了起來，承勳和妍熙在一起時會笑，當妍熙的膝蓋被劃傷的時候還第一次哭出聲音來（從電影一開始就一路看得很緊張的人們，看到這個畫面大概都會突然紅了眼眶）。

因為透過和妍熙之間的關係，承勳內心那個溫暖的小孩終於能脫掉恐懼的外衣，誠實表現出自己的情緒。在這段過程中承勳開始對自己過度充斥著憤怒的人生產生疑問和懷疑，並且下定決心要開始過看看沒有暴力的人生。我們可以看出承勳的神經認知系統中開始經常亮起綠燈信號了，也就是說他終於開始慢慢覺得即使對周遭的人多多抱持關懷和憐憫的情緒也不錯。

如此一來就讓人好奇了，為什麼一向蠻橫暴力成性的承勳，有辦法走出和《凱文怎麼了》電影的凱文不同的路，產生溫柔的變化呢？（如果說凱文是隱居型的精神病態者，承勳可以看成是失控的反社會人格障礙。）有很多種猜測，我們可以提出這種假說──或許是在承勳的記憶迴路之中，還保有和母親愉快相處的童年記憶碎片造成的。說不定在醉酒的父親沒有回家的晚上，工作回家的母親即使時間都很晚了，還是會為承勳和妹妹做上溫熱的飯菜和湯吧？或許只是一點也不豐盛的簡單菜餚，但承勳與母親和妹妹應該還是幸福地一起吃了晚飯，飯後三人還一起開開心心地笑著去公園玩呢！只要還有這些正面積極的記憶在，那就像是希望的種子，無論我們遇上多麼殘酷的創傷都還是有克服的希望，這個假說聽起來並不壞對嗎？

梁益準導演曾説道:「電影《窒息暴戾》是一部處理我內心憤怒的驅邪電影」,以及「因為把寫在日記上的內容拍成電影了,這部電影就像我的日記一樣」,感覺上這是一部描繪梁益準導演本人童年痛苦時光的故事,如果真的是如此,在他心中是否有哪些正面樂觀的記憶迴路殘留下來呢?真的很想為他多多加油。

複合性創傷後留下的壓力障礙

　　複合性創傷後壓力障礙，指的是許多因為反覆性的創傷而出現各種複雜心理問題的人共同經歷的症候群，主要是經常在許多從小反覆且持續遭受虐待的人身上出現，這裡所說的虐待並不僅只是有直接威脅性的性虐或身體上的暴力，還包含了情緒上的虐待、放任、遺棄、拒絕、背叛、忽略、高壓性的訓誡等。當一個人從小就在無法感受到安全感的狀態下反覆經歷創傷時，日後即使長大成人之後，還是會無可避免地繼續出現許多問題和症狀，例如總是陷入不安和緊張狀態、情緒起伏很大、經常有非常深刻的自卑和羞辱感，同時也會隨時暴怒、無法相信別人，毫無理由地覺得人生充滿無力感，或是經常出現沒有病因的身體痛症，即使只是受到一點不怎麼樣的刺激也容易激動等等，其實這些症狀的根本原因都來自於小時候的創傷（就如同前面所提到的童年負面經驗等類似的概念）。但如果問當事人症狀出現的時間點以及症狀出現的原因，就會發現許多人往往都是在不清楚背景的狀態下糊裡糊塗地過日子，偶爾連精神健康專家們都不容易察覺當事人的這些症狀可能是來自於童年時期的創傷，特別是當這些創傷只是「小型創傷」時更加難以察覺了。所以大多只是根據表面上

一邊吃著爆米花，一邊療著傷

顯現的症狀去作出憂鬱症、恐慌症、躁鬱症、衝動調節障礙、警戒性人格障礙、反社會人格障礙、歇斯底里人格障礙、兩極性障礙等診斷。根據一項研究結果顯示，童年時期創傷帶來的解離症狀，平均要經過六到七年才會被確實診斷出來。

所幸近年來我們對於複合性創傷後壓力障礙的認知擴大，以「發達性創傷障礙」（developmental trauma disorder）為診斷名的新概念也被提出。目前關於這個診斷名能不能登上精神障礙診斷準則手冊 DSM-5 一案仍在許多專家學者之間熱烈討論中，但無論如何，光是有更多人了解到概括性的童年複合創傷診斷準則，和這個新概念的必要性就已經非常值得慶幸了。透過廣泛的理解被害者現在的症狀與過去反覆經歷的創傷之間是否有任何連結，並且用這個觀察作為基礎所做出的診斷和治療，對因創傷而受苦的人來說，就是真正治療的開始。

一邊吃著爆米花，一邊療著傷

創傷的治療

《經典老爺車》（Gran Torino）

導演　克林・伊斯威特（Clint Eastwood）◆美國◆2008
主演　克林・伊斯威特（Clint Eastwood）

只是活下來就好呢，
還是要活得更好？

「面對創傷真正的治療並不只是減少生命的痛苦，以及想辦法存活下去而已。而是要學習如何為人生賦予意義，學習讓人生多多少少有所成長的方法。」

　　——《創傷後成長》，勞倫斯・卡爾霍恩（Lawrence G. Calhoun）、
　　理查・塔德琪（Richard G. Tedeschi）

這部電影的導演兼主演克林伊斯威特無疑過著多數人都欽羨的老年生活，他的青少時期落在一九七〇年代，當時他作為《荒野大鏢客》（A Fistful of Dollars）、《緊急追捕令》（Dirty Harry）等動作電影的主角，成功躋身成為聞名世界的大明星，邁入中老年之後，他也開始創作探討人性黑暗面和複雜性的電影，例如《殺無赦》（Unforgiven）、《神秘河流》（Mystic River）、《登峰造極》（Million Dollar Baby）等名作，獲頒奧斯卡大獎就像喝水一樣頻繁，還因為時常同時擔任導演和主角，讓人驚嘆他一人自導自演各項全包的程度。除此之外他也有很高的音樂造詣，甚至會在自己執導的電影用自己做的曲，即使年過八旬，現已經邁入九十歲高齡還是比很多年輕人對創作更充滿熱情，非常令人敬佩。2008年上映的作品《經典老爺車》中，他演繹了一個受傷的靈魂透過關係的修復，來達成創傷後成長（post traumatic growth），情節讓人深受感動。

●●• 被包裝過的戰爭創傷受害者的人生 •●●

主角華特是個和周遭親友都斷絕關係的老人，個性徹頭徹尾的執拗難搞，無論是誰都很難和他親近，是個性格非常討人厭又難纏的老人，別說是已經結婚離家的兩個兒子，連和久久不見的

孫子之間都是清淡如水的關係。無奈的是，在所有人之中唯一能稍微理解他、也始終不離不棄的太太，早他一步離開人世，華特在妻子的葬禮結束後便開始了一個人在空蕩房子的生活，偶爾修剪一下草坪，隨便拿肉乾和啤酒也能是一餐，過著冷冷清清的日子，每天做的事只有嫌棄受太太之託（華特的妻子死前拜託神父照顧孤單的老公）前來探望的神父太年輕，還把人家趕走；或是狠瞪著享受日常和平豐饒的鄰居，拚命詛咒他們；以及成天抱怨為什麼老天爺沒有早點帶他走。

　　而他之所以會過著與世隔絕的人生，是因為年輕時候參加了韓戰，在那時留下了深刻的噩夢，光是在槍林彈雨的戰場上經歷著非生即死的恐懼就已經是說不出的駭人，但除了這些之外，他還碰上了一個讓他一輩子都要懷抱著不可抹滅的自責過活的殘酷事件──他拿槍直接朝臉射殺了一名哭喊救命的中共少年兵。雖然他是在遵守命令之下不得不扣下板機的，但在他手下完成的這件殘忍虐殺事件深深烙印在他的大腦裡，即使戰爭已經過了數十年之久，那個事件仍然會隨時引起他的罪惡感，以及頻繁的噩夢和焦慮，還經常引發不明的疑心、怨恨與間斷性的暴怒情緒。

　　他或許也相信自己沒有健康和幸福的資格吧，這讓他完全不關心自己的狀況，不！應該說他看起來是連人必須照顧自己的意

　　　　　　　　　　　　　　一邊吃著爆米花，一邊療著傷

義都不明白，為了斬除生命開心與幸福感的源頭，他主動斷絕了所有人際關係，開始過著孤零零的日子，這也讓他日子過著過著就日益荒廢了起來。儘管他身邊的人都將他視為戰爭英雄一樣對待，但他明顯只是個受創傷後壓力障礙纏身的可憐戰爭犧牲者。

某天在華特身上發生了一件意外，華特在偶然的情況下，救了剛搬來的鄰居家兒子陶（Tao）一命，當然我們知道原本就冥頑不靈的華特一開始並沒有對他人行善的意圖。而鄰居家的兒子陶則是受到社區幫派的要脅，無奈之下只好嘗試去偷華特最鍾愛的「經典老爺車」（Gran Torino，如片名所示，這部車的名字就是這部電影的片名）。在陶闖入華特家時，華特為了保護自己的車就拿出了一把嚇人的長槍走出來，不僅抓住了陶，還把追著陶的黑道都趕跑了。華特這番單純的自衛行動，非他本意地成了讓一名少年脫困的英雄行為，對陶一家人來說，華特的救人之舉就等於是在少年陶步入歧途之前，把他從歪路中救出一樣。

●●・ 從創傷中痊癒的真正英雄 ・●●

華特突然之間被鄰居一家人當成是英雄一樣對待，陶的家人為了表示感謝，不僅送華特花盆和食物，還邀請他參加全家都在場的家庭聚會，對打算一個人孤獨死去的華特來說，他們一家的

過度慷慨只是麻煩的事，尤其那個令他心煩的小子為了讓偷車的自己被華特原諒，就表明要幫華特打雜，每天都來敲華特的門。一開始華特只是覺得那樣的陶非常煩人，一個勁兒對他發火，但也不知道怎麼的，華特也漸漸開始對陶打開了長期關上的心門，或許是他總是聽著不習慣美國生活而徬徨不已的少年陶訴說他自己的故事，因而開始懷起了憐憫的情緒。

於是他答應陶要教他怎麼作為一個男人堂堂正正地開拓人生，也幫他打聽可以賺學費的工作，甚至指導他要怎麼交女朋友。原本已經垂頭喪志步入死亡的華特，就好像決心把輔導陶當成下半生的人生職志一樣，扮演起了陶的監護人角色。令人意外的是，華特的臉上因此開始出現了許久未見的微笑，透過人際關係的修復，原本因為創傷而散落各地的華特的靈魂，也開始恢復了生氣。（希望大家都可以觀察一下華特在看著陶的時候臉上出現的表情變化！相信各位的靈魂也會恢復生氣的。）

其實整個故事是可以溫馨地結束在這裡的，但我們的克林伊斯威特導演並沒有因此滿足，反而把故事昇華到另一個層次。社區幫派份子不知道是不是因為看著陶過得越來越好而忌妒，無法就此放過他，於是又鬧出了一場充滿衝突和憤怒的事件，對一直不聽話的陶懷抱恨意的幫派份子，某天對陶和陶的姐姐施加了

一邊吃著爆米花，一邊療著傷

殘酷的暴力行為，憤怒的陶與華特約好要一起找那群混混復仇，但在關鍵的一刻，華特為了阻止陶一同去復仇而鎖上了地下室的門，為了安撫陶，華特令人訝異地說出了長時間都沒有對他人吐露過的創傷，並對著不停敲著門想把門敲開的陶說：「你絕對不能像我一樣活著，現在就去過你自己的人生吧！」留下這句話之後，他便自己一個人找上社區黑幫去了，他想要藉由犧牲自己的人生來換取陶的人生。

五十年這麼漫長的時間裡，華特始終為罪惡感所困，沒有一刻自由，雖然他所做過的事是在戰場上發生的，且都是在長官的命令下才執行的殺戮，但不管怎麼說那十多名的少年兵都是死在自己手上，華特一直以來都無法原諒自己。其實大部分有過創傷的人往往都無法區分當時的責任是歸屬於內部（自己身上）或外部（他人或其他周遭的狀況），儘管或許事件發生當下是處在一個不得不為的狀況，但他們多半仍會出現不停自責的傾向：「如果我那時沒去那裡，或許那些事就不會發生了」、「如果當時我有多用點心，或許就能把他們救出來了」、「如果那時候我再勇敢一點，就能阻止那件事發生了。」

如果當時發生的事件，真的多多少少是因為自己的不是而變成無可挽回的結果，那就更難從那份罪惡感的牢籠裡逃出來了。

華特正是深深陷入這個無法擺脫的罪惡感牢籠中，長期在裡頭掙扎著勉強活下來，在妻子離世剩下自己獨活的狀況之下，他也無法抱持正面積極的念頭——「那都是過去的事了，並不是所有的事都是我的錯，應該要從現在開始揮別過去重新出發了！」——反而選擇無精打采地等死。

然而在最後的瞬間，電影讓我們看見了華特過去絕望的人生裡偉大的靈魂，不，是讓我們看到了人性的生命力與希望被找回的奇蹟，他沒有受心中失控的憤怒和復仇情緒給掌控，反而選擇了沒有人能模仿且層次更高的選擇。與其深陷曾經犯下無法挽回的大錯而引發的罪惡感中，他決定要做出更偉大善良的行動，這也是必須要同時兼具勇敢的胸懷和智慧才能成功的選擇，而華特就在這個過程中，終於找回了五十多年前在戰場中失去的人生的真諦。（至於令人感動萬分的那個選擇究竟為何，好奇的話，請務必找這部電影來看看）

電影老將克林伊斯威特導演從擺脫創傷這件事更進一步，向觀眾傳達了一個溫暖的訊息，那就是克服創傷和持續成長是創傷倖存者的的義務，也是從無意義的罪惡感中逃脫、找回人生真正意義的唯一希望。最後和電影落幕一起響起的那首導演親自演唱的主題曲，令人莫名地感到無比悵然。

雖然好像有點刻意，但如果要多補充一句，我想說的是創傷後的成長，會透過和重要他人之間的關係修復中實現，這句話中即使強調「必須透過」也不為過。

創傷後的成長

　　自一九九〇年後開始有一些心理學家發現當人在度過非常艱辛又痛苦的經驗後,內心世界反而會出現正面積極的心理變化,這常被說明為「創傷後成長」的概念。這和一般認知的——在創傷事件後會伴隨產生創傷後壓力障礙——完全相反,可以說是一個非常新鮮的概念,如果打從一開始我們的大腦裡就內建一種能力,能讓我們順利克服衝擊事件引發的痛苦和恐懼,並比事件發生之前更能夠實現正面積極的成長,這會是一個多麼充滿希望的假說呀?但假如這個假說是正確的,是哪種心理上的機制讓我們能夠戰勝人生的逆境,並實現更人性的成長呢?推測那大概是為了讓人能夠接受痛苦的狀況堅持下去,我們內心私自做了結構調整,也就是說,看起來像是透過降低幸福的價值基準,讓人能更頻繁地感受到日常生活中的小小幸福。

　　實際上創傷後的成長並不是那麼特別或偉大的概念,名目上是放下追求成就感和積極的生活態度,取而代之的是更常懷抱感謝的心,因為小小的機會感到開心,並且懂得和身邊的人分享親密的情誼,那就是所謂的創傷後的成長了,也可以說是了解到自身的極限後自然引起的變化。儘管依據每個人的狀況,達成創傷

一邊吃著爆米花,一邊療著傷

後成長的時間可能從數個月到數年不等，但最後我們能夠透過創傷而經歷讓心理層面比以前更加安定成熟的過程，達成創傷後的成長，這是多麼難能可貴的事呀！

─── 創傷後成長的每個階段 ───

對自己的信任、對世界的信任

人生的目標、針對人生的正面規劃

⬇創傷（癌症、災難、事故、生離死別等）

基本的信任變得四分五裂

人生的目標、關於人生的各種想法都失去效用

⬇

反覆出現痛苦的想法和情緒（創傷後壓力障礙）

⬇

重啟適應資訊處理的機制：

為了能夠適應現實，把能夠丟掉的資訊都丟掉

重新組合新的資訊（認知重組）

⬇

創傷後成長

1）對日常小事感到感激

2）找到人生新的可能性

3）人際關係中的連結感受和親密感變深

4）精神上的信任變深

5）對自己的正面信任感變強

　　當然並不是說創傷後成長的出現，就能讓創傷帶來的痛苦和後遺症完全消失，但儘管創傷所帶來的痛苦持續存在，創傷後成長還是能幫助我們將人生引導向更有意義且積極的方向。

《意外》 （Three Billboards Outside Ebbing, Missouri）

導演　馬丁・麥多納（Martin McDonagh）◆英國、美國◆2017
主演　法蘭西絲・麥朵曼（Frances Louise McDormand）
　　　伍迪・哈里遜（Woody Harrelson）

在人際關係中逐漸痊癒

「所謂關係中的連結感受並不單純只是精神上的，那是一種感覺到彼此相連的身體感覺。」

—— 史蒂芬・伯格斯（Steven W. Porges），美國精神科學家

當深愛的家人被某人殘忍殺害時，這屬於一種與重要他人之間的連結突然被切斷的極端創傷哀悼狀態，大部分的人在這樣的情況下所出現的創傷反應，會比哀悼反應來得更為深重。簡單來說，就是比起傷心，實際上駭人的感受更為深刻的意思。當一個人陷入這種狀態時，身體裡的交感神經系統（sympathetic nervous system）就會往全身發送緊急警報，讓心臟開始撲通地跳，呼吸急促、冒起冷汗等，也使人不願和身旁的人四目相接、聽不見旁人所說的話、覺得和人談話很厭煩，在這個狀態下只剩下兩種選擇，必須自己決定是要使盡全力去爭鬥或是逃跑，必須透過二擇一，讓交感神經系統的警報解除，讓激動的身心冷靜下來，最後才會真正開始出現哀悼的反應。

　　然而當深愛的家人被殘酷的殺害，且殺人兇手還找不到的狀態持續下去，我們的身體又會出現什麼反應呢？交感神經系統已經因為長時間的激動情緒而疲憊不堪，我們的大腦可能會開始啟動下一階段的神經系統——在背部一帶的迷走神經系統（dorsal vagal nerve system）。我們可以用高速行進的車突然踩下煞車的現象來比喻，這會讓心搏和呼吸同時急遽變慢，胃腸運動幾乎停滯，精神陷入游離狀態，對於發生在自己和周邊的事無所關心。在這種精神渙散的情況下，一個人很難好好認知和判斷現實狀

　　　　　　　　　　　　　　　一邊吃著爆米花，一邊療著傷

況，且在這個狀態時，交感神經系統還是維持在激動的程度，只要有一點點具有威脅性的刺激出現，還是有隨時引發極端衝動的傾向。

◉●• 被孤立的兩個人 •●◉

電影《意外》的故事要從主角蜜兒芮德說起，某天她在都市近郊的廣告看板放上三則訊息：「我女兒被姦殺了」、「但你說犯人還沒繩之以法？」、「威洛比，你跟我說說這到底怎麼了？」這令人震撼的三行文字被依序高掛在廣告看板上，而威洛比就是當地警察局長的名字。在強姦犯的毒手下痛失愛女的蜜兒芮德，看到警方荒腔走板的搜查後，一心只想挑釁警察的自尊，於是便租下了廣告看板放上聳動的文字。她這個突發性的舉動主要是想喚起輿論對此的反應。然而被蜜兒芮德點名的威洛比其實是個深受鎮民尊敬、在當地頗有名望的人物，所以當地大多數人，包含她兒子和兒子朋友都看不慣蜜兒芮德這番挑釁的舉動，但蜜兒芮德始終聽不進旁人的理性忠告——因為憤怒而去挑釁警方的行為對揪出犯人沒有幫助——最終被其他鎮民或說所有人孤立了。

即使女兒被人殺害的事件已經發生了七個月，當我們觀察蜜兒芮德時，還是能輕易發現她的交感神經系統仍處於激動狀態，

且位於背部的迷走神經系統也被觸發了，她對死去女兒所懷抱的失落感和罪惡感，隨著時間推移變得更加強烈，但這時警方卻仍然完全找不到和犯人有關的線索，甚至連曾經相信會和自己站在一起的親友都開始疏遠，蜜兒芮德內心的疏離感和隔絕感更是日益加深，說她已經陷入無法感受到安全、平穩、安慰、親密和關懷等正面感覺的絕望狀態也不為過。這時的蜜兒芮德當然是笑不出來了，但同時她也不會輕易地哭或發火，是處於一種想要盡可能阻斷痛苦的感覺，只用行動去表達心情的狀態。雖然在廣告看板放上挑釁文字的確稱不上是多麼理性的行為，但可以視為是她想對無心的世界試圖丟出對話的訊息：「我還在受苦，難道你們不該多幫我一些嗎？」

　　但別說是理解蜜兒芮德的廣告文字背後試圖對話的深層涵義了，對她這番舉動最不高興也看不下去的人，當屬警察狄克森了。狄克森是那種即使面對脆弱無力的人也會無止盡誇耀自己的本事，並且對使用暴力沒有芥蒂的人，但其實內心深藏著巨大的自卑和對世事的憎恨。狄克森不只是去威脅刊登廣告的蜜兒芮德，也氣得吵嚷著要抓到出租看板的業者韋比。之後面對警察局長威洛比的驟逝，受到這份衝擊近乎昏厥的狄克森，把自己的怒氣發在不合時宜的地方，他找上韋比不由分說地就對他動粗，最

後還把人從二樓窗戶丟了出來，闖下了滔天大禍。剛好目擊這個畫面的新任警察局長為此拿走了狄克森的警徽，徹底卸下他的警職，他在一天內失去了工作，也被社會完全孤立了。於是藏在狄克森內心深處的自卑感也逐漸被放大。

●●• 嘗試與人對話的兩個人 •●●

其實在這段期間中，有一個人慢慢開始理解了蜜兒芮德的心境並向她伸出手，這人就是被蜜兒芮德公開點名的威洛比局長。威洛比局長罹患了胰腺癌末期，已經剩沒多少時日，正在面對要和深愛的妻兒分離的痛苦時刻，也許是因為這樣，他對於蜜兒芮德失去女兒而懷抱的憤怒、絕望以及疏離感多少能夠感同身受，他沒有為她的行為發火，儘管知道看板內容是對自己的嘲諷，他反而私下偷偷幫蜜兒芮德付了廣告看板未繳的費用來暗中支持她，同時也滿懷真心地留下了「憎恨無法解決任何事」的遺言，給被狹隘的思考給侷限、對暴力習以為常的下屬狄克森，最後才安心撒手離世。臨死之前威洛比局長還是一心一意地想為陷入困境的兩人創造對話的空間。

另一個重要人物──廣告業者韋比給人的印象，則是能夠為了利益毫不猶豫隨意出租廣告看板的一介粗人，但他對人沒有偏

見，懂得變通也知道怎麼抵擋權勢和暴力，看到陷入困境的人也願意出手協助，真實性格其實非常溫暖。在他被狄克森施暴住院後沒多久，狄克森竟也因為嚴重的燒傷被抬進一樣的病房，韋比看到狄克森的出現一時控制不了憤怒的心情，氣得全身顫抖忍不住哽咽，但這也只是一時之間的情緒湧上心頭，令人驚訝的是，他居然主動為口渴的狄克森遞上柳橙汁並插上吸管，他不僅沒有因為狄克森對自己殘忍的施暴就對他發火，反而率先展現了人性中最難實踐的真誠原諒以及關愛仇敵的姿態。看到這個場面的人應該很難不感到胸口一熱、眼眶泛紅吧！

◉◉• 創傷的特效藥，腹部近側的迷走神經系統及其功能 •◉◉

在看電影的當下獲得更大感動的原因，是在彷彿被冰封一樣了無生氣的蜜兒芮德與狄克森身上，看到了一絲一徐的溫暖氣息正在漫起的畫面。威洛比局長與韋比兩個人所展現的高貴體諒與諒解的行為，讓被憤怒所環抱而近乎窒息的蜜兒芮德與狄克森兩人，奇蹟似地復甦了，也就是說，他們透過與人互動的行為，而重新喚醒能夠讓人從創傷中復原的動力來源——腹部近側的迷走神經系統（ventral vagal nerve system）。

腹部近側的迷走神經系統是在人受到周遭支持、安慰、感受

到親密感時才會被激發的一種神經系，當這種神經系被刺激時，身體就會鬆弛下來，心搏和呼吸會變得平穩，心中會產生平穩舒適的感受，臉上出現微笑，並能打開耳朵聆聽其他人說的話，做出最為合理合宜的想法和判斷，因此可以說大部分的創傷治療策略，都是在嘗試恢復迷走神經腹部分支的機能。

原先是死對頭的狄克森與蜜兒芮德兩人，最後終於能走上同一條追緝真兇的路，而雖然那是一條不管三七二十一只想抓到壞人的路，但兩人都還沒有決定是否要殺掉那個壞蛋，想必在兩個人一起緝凶的過程中，也會不斷改變最後的決定吧！我想他們會做出最合理又符合人性的決定，因為他們的迷走神經腹部分支在信任感的催化下持續作用著，或許他們踏上的不再是尋仇的路途，而是通往治療的旅程也說不定。

PS

無論未來世界上有多好的治療藥被發明、更絕妙的治療法被開發，但創傷的痊癒肯定不會脫離人與人之間的關係建立。

幫助理解創傷痊癒過程的「多重迷走神經理論」

　　根據神經科學家史蒂芬・伯格斯（Stephen Porges）的多重迷走神經理論（polyvagal theory），我們人類會因為分析周遭情境中的危險信號及處理方式，來決定要如何驅動我們的自律神經系統。簡單來說，就是當我們處在危險情境下時，首先無論如何都會試著在周邊找到協助，如果這點行不通，就會開始試圖搏鬥或是迴避，如果這麼做也沒辦法解除危機，那作為最後的手段，人才會開始出現崩潰的反應。

　　和這三種階段的反應有關的自律神經系統，在種系發生學上是由三種不同的神經迴路所構成的。其中第一階段會誘導出社會性介入的神經迴路，屬於腹部近側的迷走神經迴路，在這個神經迴路的徹底作用下，人就能在危機狀況下和周邊的他人互動，講話的聲調會變得冷靜，臉上也會微微揚起微笑，能夠好好地聆聽對方說的話，也能充分理解內容，而隨著心跳變得平穩，呼吸逐漸深沉，身體肌肉就會慢慢鬆弛下來，心情也能恢復冷靜。

　　但如果危機狀況持續膠著，在沒有人能幫助的狀態下，第二種神經迴路——交感神經就會開始作用，在這個神經的作用下，我們的身體會出現原始性的搏鬥和迴避反應。而為了讓身體不是

一邊吃著爆米花，一邊療著傷

奮力拚搏，就是使盡吃奶之力地逃跑，心跳會跟著加快、呼吸變得倉促，全身的肌肉都在出力，臉上的表情逐漸僵硬，講話的聲調也變得急躁，對不要緊的小事隨意動怒。

那如果威脅的局面已經達到了極端的程度，使人沒辦法持續拚搏或逃避呢？最後背部的迷走神經系統就會開始作用，使人出現崩潰的反應。當背部的迷走神經系統被啟動，我們身體簡單來說就是出現了凍結的反應，心跳和呼吸像是幾乎要停止一般緩慢，胃臟的運動也幾乎陷入靜止狀態。為了提前應對人受到身體出血的重大傷害，通往末梢軀幹的血流也會減緩，全身就像麻痺一樣無法動彈，精神狀態陷入萎靡或呆滯，嚴重時還會精神渙散陷入昏迷。

用個比喻來說明，那就是當腹部的迷走神經說：「我現在必須要和更大的世界接觸！」交感神經則會喊著：「出大事了！我們遇到危險了！要跑嗎？還是要打？」而背部的迷走神經則會哀叫說著：「我再也沒有力氣面對了，我要就這樣裝死下去！」

在創傷裡煎熬的人多半處在交感神經和背部迷走神經過度作用的狀態下，只有在恢復和他人之間的親密感並感受到安全感時，他們腹部一帶的迷走神經才會被啟動，而所謂的親密感受並不會在單純收到激勵和建言時產生，雙方的相互凝視、嘴角揚起

微笑、握手、輕輕拍背等舉動比起單純的言語激勵或建言，更能
為我們的自律神經帶來影響。

　　　　　　　　　　　　　　　　　一邊吃著爆米花，一邊療著傷

《不存在房間》（Room）

導演　藍尼·亞伯漢森（Leonard "Lenny" Abrahamson）
◆愛爾蘭◆2015
主演　布麗·拉森（Brie Larson）
　　　雅各·特倫布雷（Jacob Tremblay）

只要和媽媽在一起，
一切都能克服！

「因為人是社會性的動物，如果沒有與他人深刻連結的相互依存關係，就無法存活下去。」

——約翰·鮑比（John Bowlby），依附理論創始人

我曾遇過一位患者，年過六旬的他在妻子因事故驟逝後，總是覺得內心的孤獨和憂鬱不斷膨脹，每晚躺在床上準備入睡時，就更難忍受自己一個人被丟下的心情，也就更難以入眠了。一開始他以為這種心情只是正常的哀悼反應，但一兩年過去了，心裡的孤獨和憂鬱卻不減反增，當我們開始追根究柢，試圖了解他之所以無法拋掉被拋棄的心情與孤獨感的原因時，他才娓娓道出五歲到七歲之間的記憶。在他五歲時，他的父母突然將他託給住在鄉下的外婆照顧，因為當時母親懷著的第三胎早產，為了好好照顧這個早產的孩子，無奈之下只好把大兒子託付給外婆。外婆當然也是一個非常好的人，據說也費盡了全力好好帶這個外孫，聽說當時才五歲的他總是吵著要找媽媽，也常常懷疑自己是不是做錯了什麼才被送來這種地方。儘管在他七歲時終於被送回家裡，但在他的心裡還懷抱著不知道是不是做錯什麼就會被送走的心情，於是他時時刻刻扮演著好兒子的角色，不曾胡鬧闖禍過。當他大學畢業後開始自立生活時，不太耐孤獨的他選擇早早就結婚，在那之後心理也沒有出現過任何問題，但就在突然失去妻子回到孤零零的生活後，小時候的孤獨感又再次浮上心頭，他因此時常在深夜被寂寞傷感觸動而忍不住落淚。

　　在精神科門診中，這類患者其實比想像中來得普遍，許多人

因為家中兄弟姊妹太多而乏人照顧、父母身體不好、奶奶重病、父母離異或經濟狀況不佳等種種不得已的原因，而不得不和父母分開，也許在當時的時空背景下，都是身邊的大人為了生活不得不做的決定，但我們卻不能完全排除大人認為的最佳解法有可能無法被孩子的大腦接受，因為孩子的大腦裡可能還是高聲喊著「無論怎麼樣，還是想和家人一起生活」。

●●● 安定的依附關係不是環境問題，而是關係問題 ●●●

電影《不存在的房間》講述的是一對母子的故事，喬伊在十七歲時被綁架，在三坪不到的小房間裡度過了長達七年的監禁生活，這期間她還生下了兒子傑克。令人震撼的是，這個故事是參考在二〇〇八年奧地利發生的真實事件。電影呈現了綁架、監禁、強暴、逃脫、心理治療、偏見、適應等多元的戲劇性要素，而其中最令人印象深刻的，就是互相視為生命希望並為彼此帶來堅強力量的母子依戀關係。

年僅十七歲的少女喬伊某天在路上走著時突然被綁架了，她被關在和外部完全隔絕的狹小房間中過了七年暗無天日的地獄生活，和家人朋友的關係完全斷絕，在那個靠著自己的力量卻什麼都做不了的狹窄空間中，喬伊無數次被綁架犯強暴，無奈地懷了

孕，並在惡劣的環境下產下了孩子。喬伊將誕下的男孩取名為傑克，開始了養育孩子的生活。傑克的出現讓喬伊的生活完全不同了，在和綁架犯一起度過的晚上時間，喬伊拚命觀察綁架犯的臉色，小心翼翼地安撫他不讓他生氣，為了讓綁架犯幾乎不察覺傑克的存在，她讓傑克躲在櫃子裡不出來。在喬伊的努力之下，孩子成長的過程中幾乎不曾看過綁架犯的臉，在和危險近乎隔離的環境下長大。白天喬伊就是這世界上最幸福的母親，她掏心掏肺地用最好的方式養育自己的孩子，兩人充滿歡笑地一起吃飯、擁抱、講世界的故事、學習講話，或是一起閉上眼睛進入想像的世界。喬伊作為一個懂得閱讀和理解孩子的內心世界並回以精確反應的母親，她為孩子做了最佳的鏡像示範。晚上她在綁架犯的暴行與危險下守護傑克，白天則充分扮演養育傑克的母親角色，這些就是喬伊在地獄般的空間中活下去的唯一意義。拜此之賜，傑克在狹小的「房間」中並不感到煩悶，也在幾乎沒有感受到威脅和恐懼的情況下慢慢地長大。矛盾的是在這樣與世隔絕的狹小空間中，只有母親和孩子兩人單獨的存在，這個狀況似乎反而讓喬伊和傑克之間的依戀關係比起一般的關係都還要來得穩固。

曾經有個研究顯示，當我們讓承受著巨大壓力的幼鼠和母鼠重逢時，母鼠舔舐幼鼠的程度越高，幼鼠的壓力賀爾蒙也會成反

比的隨之遞減，母鼠舔舐幼鼠的次數越多，幼鼠身上的壓力調節裝置就會呈現更有效的作用，使得壓力賀爾蒙皮質醇和腎上腺素隨之減少。母鼠舔舐幼鼠的行為在人類行為中就可看作是撫摸、擁抱、親吻等動作，這表示儘管孩子實際上仍處於壓力情境下，但從養育者身上得到的被保護感、安全感對孩子來說，卻比實際面對的壓力情境更加重要。

在喬伊的監禁生活不知不覺過了第七年的某一天，綁架犯在自己失業六個月下財務也出現困境，於是開始管控喬伊和傑克母子的食物和暖氣供應。喬伊和傑克在饑餓和寒冷中備受煎熬，某天綁架犯偶然看見了許久不見的傑克，比他想像中大得多的孩子讓他的神經突然繃緊了起來，他威脅喬伊，如果不聽話就要把傑克殺掉，這份威脅讓喬伊心中頓時起了危機感，為了守護傑克的性命，她便咬牙決定要進行一場一生一世的冒險。

喬伊開始規畫起賭上自己和兒子性命的驚險脫逃計畫，首先她必須讓傑克看起來像是得了感冒幾乎死亡的樣子，再拜託綁架犯把傑克的屍體帶走清理掉。接著她囑咐傑克：當綁架犯把他用地毯裹住扛到卡車上開車離開後，他必須在卡車停下來時偷偷從地毯中逃走，對第一個看到的人求救。這個計畫對以死為賭注的逃脫作戰來說終究是稍嫌草率了點，綁架犯真的會傻傻地聽從喬

伊虛假的請託嗎？更別說是把那小小的房間當成世界全部深深相信著，對世界一無所知的年幼兒子傑克了，他真的能照母親所吩咐的好好做到嗎？這真的是一齣如果不小心被看穿，則喬伊和傑克兩人都會陷入生命危險的高風險逃生劇。然而喬伊深信著唯有逃出去才能真正守護兒子傑克的性命，還是毫無猶豫地執行了這個作戰計畫，只是在綁架犯把裝死的傑克抬出去後，擔心傑克會出事的喬伊，還是在恐懼和緊張下連大氣都不敢喘，因為這個魯莽的逃脫計畫幾乎是把自己人生唯一的意義──兒子傑克的性命給賭上的危險賭注。

最後顯然命運之神也出手相助了，傑克奇蹟似地成功逃離了綁架犯，而幫助傑克逃脫的警察也順利闖進綁架犯的家救出了喬伊，只見母親喬伊從監禁他們的小屋跑出來瘋狂尋找傑克，這個場面非常令人動容。

●●• 他人投向受害者的冰冷視線 •●●

只是當我們以為心理的創傷狀態在奇蹟的逃脫過程中被完全終結時，劇情卻出現了轉折，走向和開心結局完全不同的局面，從狹窄房間逃脫的喬伊和傑克，他們倆人開始適應陌生外界的過程，比預期的要來得險象環生。對年幼的傑克來說，要適應之前

一邊吃著爆米花，一邊療著傷

只存在母親口中和在腦海中的實際世界一點也不簡單，就像蹣跚學步的孩子一樣充滿驚險。而喬伊在歷經長達七年的空白之後，也不是那麼容易能夠重新適應已經出現許多變化的世界，特別是周遭的親友在觀看自己時，眼神之中有意無意流露出的指責與熾熱視線，都讓喬伊煎熬不已。他們的表情就像是在說著：「到底為什麼會被綁架？是發生了什麼事才會生下綁架犯的孩子還幫忙養著？」反而像是在對喬伊的行為和選擇丟出無言的質疑和責難。因為孤立感和自責而備感煎熬的喬伊，最後在被迫上場的電視節目上被提問道：「妳有曾經對傑克說綁架犯就是你爸爸嗎？」「等傑克長大——妳會怎麼跟他說爸爸的事呢？」「什麼才是真正對傑克好的事呢？」這時的喬伊終於被擊倒了。她曾經深信自己在被困住的狹小房間中做出的種種結論都是為了傑克好才做出的最好決定，但無數的世人卻對她不停窮追猛打，質疑喬伊身為一個母親所做的決定是否真的是最好的，這讓喬伊陷入了深深的懷疑，開始質疑自己過去在監禁的房間中所做的決定，對傑克來說是不是一大錯誤。最後她便被這份質疑給緊緊綑咬著，在無法承受內疚和混亂的情緒下，衝動地想終結自己的一生。

●●• 充滿愛與彼此依靠的關係 •●●

　　傑克對於打算丟下自己離開人世的母親，想必既失望又生氣吧！而人生中第一次被迫和母親分開生活就是在母親住院之後，這對傑克來說也是相當大的衝擊。幸好過去七年之中和母親一起互相扶持的經驗，成為了傑克心中極大的支柱，和以前一樣，傑克很努力想要成為母親喬伊的力量，他把出生到現在不曾剪過的頭髮剪了下來，交給了住院的母親，並對奶奶這麼問道：「奶奶，我能成為媽媽的力量嗎？」

　　奶奶的臉上微微地揚起了微笑，她告訴傑克這世界上最重要的真理：「那是當然的囉！我們每個人都有辦法讓其他人變得更堅強，這世界上沒有人可以自己變強的。」

　　最後就如同奶奶說的，喬伊和傑克之間穩固的親情關係，讓他們成為了彼此的力量，讓彼此更堅強，就像他們曾經在互相堅信和依靠的情況下，奇蹟似地從那狹窄的房間成功逃脫一般，即使世界是多麼危險，兩人還是互為彼此的力量，一起活下去。

　　想要在險象環生的世界上生活，對我們來說什麼是最重要的呢？有飲用水、食物、呼吸的空氣、安全的家，以及充分的錢財和到哪都不丟臉的學歷就夠了嗎？電影《不存在的房間》告訴我們，想要在險峻的世界上生活，最重要的是和能夠互相扶持並且

一邊吃著爆米花，一邊療著傷

相愛的人一起才能辦到，就像電影中傑克所說的 ：「我跟媽媽約好了，要做做看所有我以前不知道的事！在這個世界上真的有非常多事情可以做，雖然偶爾也會害怕，但很快就會變好的，因為我還是和媽媽一起活著。」

PS

光是從傑克能夠相信人並且懂得鼓起勇氣這件事來看，我們就知道喬伊即使在噩夢般的狹小房間裡，還是扮演了稱職的母親角色，且為傑克做了最好的決定。

獨一無二珍貴的人

　　曾經有一個研究是觀察第二次世界大戰時德軍戰鬥機砲擊最猛烈的時期，和父母一起度過的孩子與和父母分離的孩子中，哪一個族群在情緒上較為穩定。也就是說，這個研究主要是透過觀察和父母一起躲在防空洞中經歷地獄般焦慮現場的孩子，以及被送往相對之下比較安全、不在砲擊範圍內的地點但被迫和父母分離的孩子，加以比較兩者的精神健康狀態。

　　結果相當出人意料，被送往相對比較安全的地方但被迫和父母分開的孩子，即使在成年後也會有很長時間擺脫不了當時的負面影響；而相反的，即使眼前充滿倒塌的建築物，耳邊傳來陣陣震破耳膜的砲彈聲，甚至親眼目擊慘烈的屍橫遍野慘況，但只要身旁有人說上一句：「沒事的，媽媽和你在一起呀」，並且馬上給予擁抱和安撫，這樣的行為就更能保護孩子的身心健康。這個結果告訴我們：對孩子來說，和外界的客觀現實相比，就在眼前的父母所帶來的影響力是更加深遠的。雖然父母是因為戰爭這樣客觀的現實而不得不把孩子送去比較安全的偏鄉，但在孩子的內心世界卻會認為自己是被丟在無人聞問的陌生恐怖世界裡自生自滅，儘管劇烈的砲彈聲響會給孩子帶來壓力，但是母親陪在一旁

一邊吃著爆米花，一邊療著傷

並給予回應：「沒事的！過陣子就好了！媽媽抱抱」這樣的話語卻有讓孩子的壓力反應瞬間消失的強大效果，而這就是讓腹部迷走神經系統作用的奇蹟性效果吧？透過和母親的親密連結而學到如何調節情緒的孩子，日後也能靠自己的力量好好控制自己的情緒，如果說創傷會引發極端的斷絕和自我疏離，那麼和它相對的就是和最珍貴的人之間的穩定依戀關係，必然會成為強效的良藥。

《奇蹟男孩》（Wonder）

導演　史蒂芬・切波斯基（Stephen Chbosky）◆美國◆2017
主演　雅各・特倫布雷（Jacob Tremblay）
　　　茱莉亞・羅勃茲（Julia Fiona Roberts）

名為家族的安全網

「一開始孩子沒辦法看到自己的模樣，是透過父母的眼認知自己，孩子們會
認為父母的反應就是自己的樣子。看到父母溫暖的反應時，孩子會覺得自己
是可愛可親的；看到父母冰冷的反應時，孩子會覺得自己是不可愛的。
您時常讓孩子看到什麼樣的反應呢？您平常是如何評價孩子的行為呢？」
　　　　　　　——安娜・葛梅茲（Ana Gomez），美國小兒 EMDR 治療師

一邊吃著爆米花，一邊療著傷

在我們漫長的人生中總會發生一些不幸的事，而其實活在世界上對每一個人來說都不是那麼容易，如果有人對你說：「我看你活得也滿自在的呀，怎麼老是愁眉苦臉的？」想必你也會馬上急得跳腳，忍不住想說：「最好是！我也是有過苦日子的好嗎？現在也只是且戰且走而已啦！」以前不也有句老話說「人生在世本來就是苦行的開始」嗎？也許每個人的課題會有程度的高低，但對每個人來說，人生基本上都不會只是一條平穩的康莊大道。

●●· 父母應是可以依靠的安全島 ·●●

「你身邊的所有人都在你不知道的地方，為了你所不知道的苦戰奮鬥著，所以請你好好對待每一個在你身邊的人。」這是電影《奇蹟男孩》中小學五年級主角奧吉（Auggie）所說的話，或許這番話會讓人覺得他小小年紀懂什麼，怎麼聽起來這麼大言不慚，但其實在奧吉才剛開始不算長的短暫人生裡，卻已經經歷過一場又一場普通人難以理解的熾熱戰爭。奧吉患有罕見的先天性顏面畸形，早在十歲以前就必須動二十七次大型的整形手術，他也因此接受了二十七次打針、麻醉、動刀、插骨釘、縫合等痛苦的過程，而且都還是集中在臉部的手術。幼兒時期所經歷的肉體疼痛和內心痛苦實在是難以用言語來說明。更糟糕的是，奧吉的

苦難並沒有在此結束，因為臉上動了多次刀，臉孔自然沒辦法和其他人一樣完好如初，奧吉的臉無可奈何地成為周遭同儕閃躲和嫌棄的對象，他總是被掛上「怪物」、「變種人」、「嘔吐製造機」、「咕嚕」、「半獸人」等綽號，這些難聽的綽號儼然就是他的姓名條。最後奧吉為了避開其他人灼熱的視線，便漸漸地傾向留在家裡，或是在外出時戴上太空人安全帽。《奇蹟男孩》這部電影演出了奧吉在父母的保護之下，在家自學到小學五年級後，終於第一次到校上課的情景，以及這段期間所經歷的困難適應期。

　　奧吉第一次到學校的那天——那個要上戰場前緊張萬分的一天——把脆弱的兒子送往險峻戰場上的父母和他們所展現的溫暖可靠態度，是這部電影中最讓我感動的部分。其實這對父母事前已經非常清楚兒子到了五年級才第一次去上學，這個事實本身就是一件非常難適應的事，除此之外，這對成年父母也很清楚其他孩子在看到奧吉時會感到驚訝害怕，甚至可能會整他、鬧他，但因為要讓他不被世界孤立並和其他人好好相處，他們也深知這場仗是絕對不能逃避的，只能懷抱懇切的心情祈禱，還是把孩子送去了學校。看到在校門前緊張得發抖的兒子，爸爸媽媽也溫暖地想辦法讓他安心。

　　「我愛你，晚點見！」

一邊吃著爆米花，一邊療著傷

「就算你覺得很孤單，但你也絕對不是只有自己一個人喔！」

這是多麼一般的安慰與激勵，但平凡的鼓勵卻讓人胸口酥酥麻麻的，為什麼呢？或許是因為在這些飽含真心的話語中，深藏著我們每個人都想聽到的同理和愛吧？

其實要讓這個感覺出現，首先是爸爸媽媽要先控制和調節好自己心中的不安。身為父母，心中很自然會出現：「我們的兒子被朋友欺負的話要怎麼辦？」「我們的孩子不會受到太多驚嚇吧？」種種的擔憂和焦慮，但重要的是父母要能夠自行消化這些焦慮和擔心。

「孩子一開始多多少少會覺得很難，那是很自然的情況。我們也沒有什麼別的辦法，但我們還是得相信孩子，把孩子送去學校才對。就算孩子在途中遇到一些挫折，我還是可以隨時出手幫助他的，不是嗎？」

就像這樣，父母必須先自己整理自己的思緒，並做出冷靜的反應才行，這樣大人才能展現出讓孩子安心的同理心並建立彼此情感的連結。如果父母不能事先消化心中對孩子的擔憂和焦慮，那無論說什麼話都只會在無形中透露出心中的不安和擔憂，那想當然耳，大人打算安撫孩子的目的就會失敗。

●●• 引起不安反應的大腦邊緣系統 •●●

　　大部分時常擔心受怕的父母往往會傾向在還沒能控制自己的狀態下就給予孩子鼓勵和建議。「沒事的！不用害怕，打起精神來就好了，你一定可以的！」這是我們常常用來鼓勵人的句子，是為了激勵對方打起精神來說的正面話，也算是能夠喚醒孩子前額葉皮質（人類的大腦）的好話，然而我們卻必須知道這些好話，對於安撫不安反應即將爆發的大腦邊緣系統（limbic system，哺乳類的大腦）和腦幹（爬蟲類的大腦）是完全起不了作用的，而且說不定大人鼓勵和建議的話，反而會讓孩子的不安情緒被忽視了。就孩子的立場來說，就好像他明明感覺到事情不太尋常，卻一直被安撫「好了、沒事的」；明明身體就緊張得不停顫抖，卻得反覆聽人說「不要害怕、別緊張」一樣。

　　「這點小事都做不好的話，你到底想做什麼？乾脆不要做算了吧！既然你要這樣那還不如都不要做！」

　　其實並不只有上面這段責難會無端傷害到孩子，如果在孩子明顯處於恐懼又難過的狀況下，卻毫無理由地對他們說沒關係──換句話說，平白無故地忽略孩子的心聲，這樣的情境也會讓孩子受傷。孩子會因此更強烈地體會到無處可逃以及被丟下的心情，如此一來大多數的孩子會被迫感到內疚，並因為不能好好

控制焦慮不安的身體和心理而為自己感到丟臉。

　　父母、成年人、老師等人必須要扮演安全島的角色，為因焦慮、恐懼而退縮的孩子提供實質性的安心和安全感，而想要把安全島的角色扮演好，就不能單純在嘴巴上說沒事，需要真的在孩子身邊陪伴，在陪伴孩子時好好聽他們說話、給予安全的保護。如果可以的話，還請盡可能多多用手、表情、眼神、說話聲調來溫柔地抱抱他們、撫慰他們，並且對孩子顯示出的所有反應，像是焦慮、恐懼、生悶氣、煩躁和難過等做出回應，這時才用「沒關係的，人都有可能會這樣」等話語，讓孩子看到大人對他們的反應加以認同。當孩子充分感受到自己已經踏上安全島時，他們曾因為不安而激烈作用的腦幹與大腦邊緣系統，就能自然而然找回平穩。

●●• 創傷治療中正向資源的重要性 •●●

　　在這部電影中，我們可以看到奧吉身邊有許多可靠的安全區域和支持他的人，例如家和家人、能遮住臉孔的安全帽、奧吉時常雲遊的宇宙旅行、寵物狗、學校朋友及老師、姐姐的朋友們等等，這些都一再為他的腦幹和大腦邊緣系統提供安穩的感受。或許電影看著看著會讓人忍不住覺得感傷，想說這不過就只是電影

情節，在人情涼薄的現實世界中才不可能有那麼好的事，不過這部電影至少是部典範，讓我們看到了對正在和世界打著苦戰的年幼孩童來說，什麼樣的支援和什麼樣的安全區域才能真正為他們帶來美好能量，以及作為他們的家人和師長要如何為孩童打造安全領域。

　　曾有一位受創傷所苦的人來到我的諮商室，一開始我問了一個對治療來說非常重要的問題，我問他是否能夠想到任何一個能讓自己暫時放下心中的痛苦、並讓內心感到安穩的安全領域（或是令他感覺平靜的領域）？抑或是身邊有沒有不管發生什麼事都會站在他身邊的支持者？即便只是用想像的也好，如果能夠好好想起任何一處安全區域或是任何一個支持者，那就代表這位諮商者大腦中的正向神經迴路還佔有一席之地。那麼即便他正在經歷一段嚴重的創傷過程，但因為諮商者本身已經具有能夠幫助他恢復的正向能量來源，我們就能預測未來的治療過程會相對比較順利；反之，如果一開始就不能聯想起自己的安全地帶或身邊的支持者，那麼去尋找正向資源的種子並培養它就會成為治療的開始。其實只是我們沒有睜大眼睛好好去看而已，我們每個人身上都具有正向資源的種子哦！

這部電影的另一個魅力是除了奧吉之外，也客觀地讓我們看見了奧吉身邊其他人的創傷，特別是總是安靜乖巧、自己上學的模範生姐姐薇亞，她所隱藏的傷口就是當家中有其他孱弱多病的家人在時，總是必須讓出她自己應該也能獲得的關心和愛，這部電影同時也為這些孩子的傷口好好代言了。

「奧吉是太陽，爸爸和媽媽和我是太陽周邊繞行的行星。我從來沒有要媽媽幫忙我的功課，也沒多聽到爸爸的牢騷，一直以來都是要自己解決所有的問題，如果媽媽能回頭看我一眼那該有多好？」聽了薇亞懇切的真心話以後，真的深深體會到就算孩子總是不表現出來，但這世界上絕對、絕對、絕對沒有一個不需要爸媽的愛和關懷的孩子。

非常重要的——認同

　　如果大人無視或不認同孩子的重要需求，這會對孩子帶來極大的衝擊，且比起責怪孩子做錯事，沒有察覺他們的重要需求所帶來的衝擊可能還更大。請想像一下當孩子在喊著「我要喝水」、「我要氧氣」、「我要食物」的時候，父母卻把頭撇開、忽略孩子懇切需求的這件事，如果講得更嚴重點，就幾乎是給孩子傳達了「你是一個一點也不重要的人」的訊息，可能會給他們帶來相當大的陰影。

　　那麼為什麼會這麼難去認同（validation）[1]孩子們的需要呢？

　　第一個理由是：父母往往相信只要認同孩子的需求，孩子就會變得沒規矩。就像某部電影裡的台詞「好意給久了不小心會被當成權利呢」，我們社會上廣傳著這樣的信念——孩子寵久了，大人什麼都答應的話，孩子就會變得不懂事，還會繼續無止盡地要求。懷有這種信念的父母們如果情況允許，多半會在孩子提出

---

1 譯註：英文 validation 常見的意義較為接近「驗證」、「確認」的意思，但另外也有「同理」、「認同」的之義。此處作者在韓文說明中使用了「合理化」這個漢字詞彙，然而因「合理化」在中文多半解釋為「使事情合乎道理或事理」的意思，為了避免中文讀者混淆，本書會將此詞彙依前後文意義譯成「認同」。

要求時盡量讓他們碰碰釘子，然而如果能夠正確理解並認同他們的需求，孩子其實沒有理由變得不守規矩，就跟沒有人會過度要求水和氧氣一樣。如果孩子繼續過分提出要求，到時候再好好告知他們界線就好了，教導孩子凡事都有界線和無視孩子的需求是完全不同的兩件事。

第二個理由是：因為父母們不太清楚具體來說要如何給予認同。其實這類型的父母在成長過程中往往也沒有充分地從周遭獲得認同，儘管為了取得認同而奮力忍耐、不停奮鬥，但卻沒有真正感受過一次被認同的感覺，所以當然也不知道給予認同的方法。越是和孩子們溝通，就越是覺得混亂，到最後只剩下氣惱。同時也因為不知道認同的方法，自然就無法理解孩子哭鬧耍賴的理由，一路演變成埋怨「孩子到底為什麼這樣」的結局。

辯證行為治療的創始者瑪莎・林納涵博士（Marsha M.Linehan）就把具體的認同方法分為了以下六個階段，並做了完整的說明。

────── 認同的六個階段 ──────

第一階段 集中精神　Stay awake

集中注意力，用言語或非言語的方式來對孩子的所有表達和舉動示出關心。記住！請絕對不要隨意判斷孩子的表現。

第二階段 回映性傾聽　reflective listening

面對孩子試圖用話語或行動表達的行為，用言語或非言語的方式來表示你正在理解。

第三階段 說出無法表達的事　stating unarticulate

站在孩子的角度來想像他們無法表達出來的感受、想法或是期盼是什麼，將這些想像說給孩子聽，確認自己想像及理解的內容是否正確。

第四階段 個人的過往經歷或生物性的理由　personal history or biology

試著理解孩子之所以非得那麼做的原因，其原因可能出自於孩子過往經歷中的某個事件，或是個人的性格因素影響。

第五階段 正常化　normalizing

當孩子的行為能夠被理解，多多少少找出其意義之後，就去認同這個行為在過去可能曾經對孩子來說有效的事實，這可以對孩子傳達出「你不奇怪，原來你有不得不這麼做的理由」的認同訊息。

第六階段 赤誠之心　radical genuineness

必須要拋掉父母懂的事更多、且都正確的權威態度，把孩子當成一個個體來對待，用充滿真心的眼神來看待孩子的痛苦，並且要真心相信孩子的力量，接受孩子和父母分別都具有各自的優缺點，是不同的單一個體。

當然要做到上述六點一點也不容易，說不定這所有的階段都是訓練一個優良諮商治療師的過程。但這裡有一個顯而易見的事實是——父母的認同絕對比治療師的認同效果來得好，所以請不要放棄，因為認同就是治療的核心原動力。

《騎單車的男孩》（The Kid With A Bike）

導演　尚皮耶・達頓（Jean-Pierre Dardenne）、
　　　盧克・達頓（Luc Dardenne）◆比利時、法國◆2011
主演　西西莉・迪・法蘭斯（Cecile De France）
　　　托馬斯・多芮特（Thomas Doret）

依戀關係
不一定以血緣為前提

「恢復力的基礎是能夠感受到自己正被一個值得依靠、愛著自己並能和自己協調的人所理解，當能體會到在那個人的思緒和心中有自己的存在，就能獲得恢復的力量。」

——黛安娜・佛沙（Diana Fosha），美國心理學家

一九五〇年初期在美國夏威夷群島中的可愛島上，曾經以「在不幸環境中成長對孩子們帶來的影響」作為課題，進行了大規模的考察研究。可愛島現在雖然是一個完整保留大自然風情而深受觀光客喜愛的美麗島嶼，但在一九五〇年代，可愛島卻是距離美國本體最遠、生活環境最惡劣的土地。當時在那個外島不毛之地長大、甚至還是在最不幸的家庭環境中成長的孩子們——父母離異或是父母酗酒、吸毒、經濟狀況非常貧困等——這些未曾在父母溫暖的照顧下成長的孩子，在未來十年、二十年、三十年後會成長什麼樣子呢？這個研究主要就是為了尋訪這些孩子成長的蹤跡。

●●• 可愛島的秘密 •●●

研究的結果是所有的孩子中，有約三分之二最後都沒能克服不幸的環境，多數從小就在精神病院或是青少年感化所來來去去，長成了問題青少年。然而出乎意料的是也有三分之一的孩子和在良好環境下成長的一般青少年沒有兩樣，甚至更加穩健地長大。這三分之一的孩子和另外三分之二恢復能力不足的孩子相反，他們即使在艱困的環境下生活，本身仍具有很強的恢復韌性。是什麼原因造成這種極端的差異出現呢？那些就算環境不佳仍然能夠打下良好恢復韌性的基礎、好好長大的孩子們又有什

麼共同的特徵呢？許多研究者都沒有辦法輕易為這些問題找到答案，而遺傳因素、氣質資質、個人性格等原因亦都沒能好好解釋這個結果，一直到很後來才有研究者確實發現這些孩子的共同點，那就是——他們身邊都至少有一位能夠讓他們相信且依靠的人存在。也就是說，無論成長環境有多麼不幸和令人絕望，但只要至少一個可以信賴和倚靠的人際關係存在，如朋友、師長、戀人、伴侶、鄰居、諮商師、治療師、牧師等，那這些孩子就能好好地克服人生苦難，順利長大成人。研究結果中還有一個有趣的事實，比起和專家之間的正式關係，和朋友、戀人、鄰居等非正式的關係，往往扮演著更重要的角色。

●●• 能信賴和依靠的那一個人 •●●

比利時出身的達頓兄弟所執導的《騎單車的男孩》，是一部讓我們看到依戀關係並不一定要以血緣關係為前提的電影。達頓兄弟幾乎是最受坎城電影節喜愛的電影導演，不僅曾以《美麗蘿賽塔》（Rosetta）、《兒子》（The Son）、《孩子》（L' Enfant）、《蘿娜的沉默》（Lorna's Silence）等電影分別在坎城電影節上兩度獲得金棕櫚獎和最佳劇本獎，二〇一一年更以《騎單車的男孩》贏得了評審團大獎。究竟為什麼有這麼多電影愛好者會深深陷入

一邊吃著爆米花，一邊療著傷

達頓兄弟的電影久久無法自拔呢？我想大概是因為在他們的電影中時常展現出超越家族或血緣關係、在普通的人與人之間發生的無條件的愛、體諒、寬恕、親密感等人道主義情懷吧？

　　在教養院孤獨長大的少年希利只要有機會就會掙扎著想要逃出教養院，不管周圍的大人如何安撫阻擋他，甚至責罵他，但想要見爸爸的孩子卻仍然奮力掙扎，一點都沒有收斂的跡象。這也是人之常情，想見父母的心讓孩子本能地尖聲發出哀號，怎麼能隨隨便便被花言巧語安撫下來呢？奇怪的是整部電影從開始到結束都看不到希利生母出現，這個少年一心一意只執著在找爸爸這件事上，儘管在嘗試了幾次危險的逃脫計畫後，好不容易見到了爸爸，但少年這時才知道爸爸其實早在好多年以前就把自己拋棄的事實，但恍然大悟的他沒有與爸爸翻臉，反而反過來折磨了自己一番，因為他始終相信爸爸不是因為壞才拋棄了他，而是因為自己不值得被愛所以才被拋棄了。

　　所幸可憐的希利幸運地遇見了新的緣分，從教養院老師的追捕下逃脫的希利，糊里糊塗地闖入了醫院的等待室，不小心撞上了在那裡坐著的珊曼莎，兩人一起跌倒了，此時這個看起來平凡無比的女性卻突然做出了超乎尋常的舉動，明明讓從未見過的孩子死拽著不放是件麻煩又討人厭的事，但不知怎麼的，這個平凡

的珊曼莎卻反而率先接近希利。她幫希利找回了一直想找的單車，並親自送到教養院給他，又因為希利希望周末都能離開教養院，還答應希利在周末時成為他的臨時媽媽，帶他回自己家過夜。要說她是本性雞婆嗎？總之珊曼莎不明究裡地開始對素昧平生的希利投注關心，或許是因為珊曼莎出於本能地聽見了希利的哀嚎聲中隱含著寂寞和迫切的想望，所以才會用溫暖的態度對待他。

在面對行為無法被理解也無從預測、時而衝動、時而做出破壞性舉動的希利時，珊曼莎不會批評他，反而一貫用冷靜的態度來接近他，甚至在珊曼莎的男友無法忍受他的無理取鬧要和珊曼莎分手時，她仍然堅持站在希利那一邊幫他說話。最後珊曼莎也和希利一起踏上了尋找親生父親的旅程，並且在希利被父親拋棄痛苦自殘時，安安靜靜地擁抱了他，就像是在對他說：「不要傷心，從現在開始我會一直在你身邊陪你」一樣，於是希利的心在珊曼莎的溫暖撫慰下，也開始一點一點被融化了。

●•• 每個人都能充分成為一個好媽媽 ••●

很可惜的是當希利總算開始尋找安穩人生時，他的人生卻有另一個黑影出現了，是過去欺負他很長一段時間的社區問題少年衛斯。衛斯故作親暱地接近希利並積極慫恿他做壞事，他壞心眼

一邊吃著爆米花，一邊療著傷

的盤算其實是要慫恿希利去犯下一起無謀的搶案，這時早已看穿真相的珊曼莎，為了阻擋希利犯下大錯而使出渾身解數不讓他出門，但希利一時之間還是對衛斯的虛假善意信以為真，他堅持要遵守和衛斯的約定，粗暴地伸手反抗了珊曼莎。

當一個人長期深陷在孤獨情緒中正奮力向外界乞討一絲關愛的時候，如果有人能出面示好，則往往就會讓那個人盲目地不顧一切飛蛾撲火，這種案例在諮商室裡並不少見。希利在衝動之下拿刀劃傷了珊曼莎的手臂，接著便衝出門去追騙自己去搶劫的衛斯，然而正當希利用生嫩的技術搶劫差點被警察發現時，衛斯卻一聲不響頭也不回地丟下希利跑了。無處可去的希利帶著搶來的錢猶豫該去哪好，最後還是優先選擇了父親。雖然希利打算把偷來的錢都交給父親，且還為了讓他安心補充說道：「我絕對不會告訴警察的，你不用擔心」，但受到此舉大驚失色的父親卻因此勃然大怒，他給硬生生趕了出去，要希利不要再來找他了。（我個人感覺這一幕是希利最可憐的一刻，因為我們可以看出希利想用搶來的錢獲得父親關愛的心有多麼懇切，但沒想到這份迫切的渴望卻被父親冷漠地回絕了。）

到頭來又落得獨自一人的希利，能去的地方就只剩下珊曼莎的家了。滿心羞愧的希利對珊曼莎說：「讓妳的手受傷真的很

對不起，但我還是想跟阿姨一起住，一直這樣下去。」儘管希利的道歉聽起來是那麼尷尬，但珊曼莎卻一點嘮叨都沒說，反而非常自然地原諒並接受了他。儘管珊曼莎不是希利的親生母親，但卻展示了溫暖又堅實的母親形貌，讓人非常動容。正所謂能理解孩子的需求並精確做出鏡像反映的母親、踏實擁抱孩子的攻擊性並能輕柔撫慰他們的母親、給予孩子最佳安全感和舒適感的母親──珊曼莎在電影中所展現的形貌，正好就足以稱得上是唐納德・威尼科特所定義的「夠好的媽媽」。

在某個珊曼莎償還了搶劫受害者的和解金、讓事情告一段落後的某個燦爛的春日，兩人在江邊騎起了單車。和希利以前那樣為了逃跑冒著生命危險飆車的時候不同，這次兩人輪流領先彼此，氣氛悠閒地騎著車度過快樂的時光，接著兩人在草地上坐了下來，一起吃著三明治相識而笑，從旁看上去就像是這世界上關係最親密又舒適的母子。此時對希利來說，珊曼莎的存在就是世界上最踏實的支持和安全領域，希利透過和珊曼莎的關係，才開始相信自己再也不會被背叛或拋棄，而這樣的信念就在他心裡種下了「不再怪罪他人、不再隨意受人擺布、能夠好好控制自己」的自我管理種子，而這份新的自我管理的能力也就是一個人痊癒的開始。

只可惜我們生活的世界隨時都可能變得險惡，我們相信會很

幸福的人生，也非常容易就會落入險境。

　　和珊曼莎暫時分開獨自前往超市的希利，又偶然遇見了之前用球棒攻擊過的被害人父子。儘管被害人父子已經收了賠償金也接受了道歉，但對希利餘恨難消的兒子卻追著希利一陣推打，想藉此一洩怒氣。希利只能趕緊逃跑，爬到了樹上躲了起來，但最後還是在那個兒子用石頭打向樹上時不小心摔了下來失去意識。就在被害人父子認為希利已經死了、不知道該送醫還是打電話報警驚慌不安的時候，希利的手機突然響了，是珊曼莎打來找他的電話，這時看起來早已昏死過去的希利，竟在手機鈴響中奇蹟似地甦醒過來，就像死後重生一般。希利甩掉衣服上的灰塵，婉拒了此時才故作友善的被害者父子，不願跟著和他們一起去醫院。希利總覺得應該要回家才對，於是便滿身傷痕地騎著單車前往尋找珊曼莎。儘管踩著踏板的他看起來驚險萬分，但希利現在已經有了他可以回去的家，也有了自己的家庭和母親。在希利騎著單車爬上山丘轉過小巷的瞬間，銀幕上的片尾字幕隨之升起，貝多芬鋼琴協奏曲《皇帝》的第二樂章也流暢地流淌了出來，彷彿是在溫暖地擁抱著希利的靈魂，靜靜地安慰著他。鋼琴優美的旋律就像在耳邊悄悄的耳語：「沒關係的、沒關係的」，我想大家聽了應該也很難忍住眼裡的淚水吧。

希望希利在未來也會遇到更多「足夠好的人們」，並在和他們相處的過程中好好成長下去，像是足夠好的養父（good enough stepfather）、足夠好的朋友（good enough friend）、足夠好的老師（good enough teacher）、足夠好的爺爺（good enough grandfather）、足夠好的大人們（good enough adults）等等，因為唯有透過和這些人建立關係，希利的心靈彈性才會獲得更進一步的提升。

創傷痊癒的信號

　　在片尾播放結束之後，希利的生活從此會發生怎樣的變化呢？或許透過與珊曼莎的穩定關係，希利就能逐漸從被父母遺棄的創傷中痊癒。通常恢復的跡象是循序漸進的，常見的恢復跡象包括以下幾點：

- 能夠忍受與創傷事件相關的強烈情緒。
- 越來越習慣於控制諸如記憶閃現、恐慌發作、頭痛和焦慮等症狀，因此不再過度害怕這些症狀的出現。
- 相處起來自在和舒適的人、空間及場所的數量逐漸增加。
- 出現自我克制力，開始懂得放棄對自己不利的行為和習慣。
- 逐步整理掉對自己無益又疲憊的人際關係。
- 深深意識甚至體悟到過去發生的創傷終於結束了。
- 意識到現在的選擇和未來的方向都取決於你。
- 丟掉自己是事件受害者（或犯罪受害者）的想法，並勇敢接受自己是倖存下來的倖存者。
- 恢復曾經受損的自尊。
- 覺得自己正過著一種改頭換面的自由生活。

- 能更靈活看待自己和世界，而不再執著於消極信念的智慧出現了。

- 擁有一個正面積極的語意系統去面對新的自己和世界。

- 體驗到這個世界比想像的更友好、更美好。

　　當然這些痊癒的過程都是緩慢發生的，因此在恢復過程中不太容易注意到變化。不過就在希利和珊曼莎一起笑著騎單車的次數越來越多，他的生活便開始一點一滴出現恢復的跡象，或許未來在某個陽光明媚的日子裡，已經成長為健康青年的希利正在和珊曼莎一起騎著單車呢！

接受那些痛苦時刻的方法

「疾病不是與人鬥爭，而是一種漫長而孤獨的努力過程。有些人為勝利而生，
有些人為勝利而死。」

—— 《和病痛的身體共生》（At the Will of the Body: Reflections on Illness -
Goodreads），亞瑟 · 法蘭克（Arthur W. Frank）

如果有一天忽然聽見醫師對你做出宣告：「您身上有腫瘤，不管怎麼看那恐怕都是惡性腫瘤。」這時你會怎麼想呢？我不知道別人是怎麼想的，但我非常知道自己的反應，我到現在還非常清楚記得八年前被診斷出癌症的瞬間，當時彷彿晴天霹靂，眼前一片黑暗，全身的力氣都消失了，連站都站不穩。當下的記憶實在太過鮮明，只記得我的心臟砰砰跳，淚水也是無時無刻都會毫無預警地流下，內心時而傷感時而憤怒，覺得一切都真的太離譜了，忐忑不安的心更是讓我整個人都爆炸了：「你說我會死掉？我做錯了什麼？為什麼老天偏偏要這時候召喚我？」我的腦海中充滿著無窮無盡的雜念，就只為了幫這些沒有答案的問題找答案。朋友們為了激勵當時每天盡說氣話的我而對我說：「最近癌症都已經不是病了，聽說好好治療幾乎都會痊癒的。」但每次聽到這話的我都忍不住想抓住他的耳朵吶喊：「你要不要也得得看？王八蛋，這根本是宣判死刑好嗎！」

　　當然多虧了現代診斷、醫學治療技術的提升，很多癌症的痊癒率都提升的結果是事實，但只要被診斷出癌症，從確診開始會持續一段很長的恐懼和痛苦時光，並且在手術、放射治療和服用抗癌藥的過程中，恐懼和痛苦並不會因此減輕，反而會與日俱增。除此之外，治療過程中的副作用也不容小覷，頭髮一瞬間掉

光了，從鏡子裡看見連自己都不敢相信的面貌變化；以前好喜歡好喜歡的食物，放進嘴裡就沒胃口想吐掉；甚至還會有這種神奇的經驗——體溫都超過四十度了，全身感覺滾燙地在燒，汗卻連一滴都流不出來。不僅如此，即使已經成功熬過這些痛苦的經歷，也還是沒辦法百分之百保證可以活下去，每天心情就在希望和絕望之間上上下下，當抗癌治療總算結束、準備去聽取醫師說明治療結果時，心情就好像要去見閻羅王一樣恐怖，如果能聽到好結果，想必心情會高興得飛起來，但若不幸是相反的結果呢？儘管我自詡是一個心臟很強大的人，但在面對不知道什麼時候會復發的未知恐懼時，這份恐懼還是在心中久久揮之不去。一個人如果沒有經歷過這段和日常生活截然不同的痛苦過程，應該真的沒有辦法深刻體會到那份切切悲痛。

●●● 死亡帶來的禮物 ●●●

電影《多桑的待辦事項》描述了一個畢生忙碌工作的上班族，在結束了漫長的工作生涯好不容易退休後，才正要開始和家人展開一段悠閒的退休時光，卻不幸在退休不久後被診斷出胃癌末期，電影中便是呈現了這個主人翁砂田知昭先生和其家人一起經歷病情的種種過程。在電影業工作的小女兒把父親的診斷、治

療、逝世等過程都用相機給拍了下來，但死亡並不是一場玩笑，是即將發生的真實狀況，所有人物都在電影裡演戲嗎？女兒和父親，甚至其他的家人為什麼會在這時候大膽地拍起影片呢？或許是因為他們覺得與其在傷感和恐懼的過程中掙扎，還不如稍微退後一步，用客觀的角度去看待自己和周邊的真實情況吧！這樣才能夠冷靜做好面對死亡的準備，也能事先做好離別的練習。當然無論如何，這都絕對不是一段能夠輕易接受的過程。

首先砂田先生選擇寫下死前絕對要嘗試的願望清單，並且按照順序開始一一實踐。「投票給從來沒投過的在野黨（嗯……這還需要寫嗎？）」、「之前因為忙於工作疏忽了家人，想和他們一起去旅行（這個要稍微趕著做了）」、「相信一次這輩子都沒相信過的神（這意外滿有幫助的！）」、「對妻子第一次說我愛你（在失去力氣嘴巴不能張開之前盡可能多說幾次）」等等，電影平平靜靜地呈現了砂田先生一步一步在死前實現自己願望清單的模樣，也讓我們領悟到死亡讓我們必須為自己的人生決定優先順序，並應該從最想做的事情開始。

對通常還不需要一直把死亡放在心上的年輕人來說，這番領悟並沒有那麼容易被內心深處接受，因為比起想做的事，眼前急著要處理的事情實在太多了。對沒辦法放下對未來的準備和擔憂

的人來說，「先做想做的事」的建言，感覺上就像是只有含著金湯匙出生的好命人才會講的鬼話。然而如果年紀輕輕卻不小心意外過世，就難免留下只做了該做的事無奈離開人間的遺憾了。大家不總說人生是有限的，死亡不挑人和年紀的嗎？雖然聽起來很荒誕無稽，但這也真的沒辦法怪罪任何人，而我雖然也不想承認，但我的確發現了癌症這種疾病還是有一個好處在的，癌症其實傳達給我們一個非常重要的訊息，那就是——人生不是無限的，不想後悔的話，那就從想做的事情開始做起吧！

●●• 光是說愛都不夠的時間 •●●

讓我們重新回到電影故事吧。或許我們難免會覺得因為是在拍電影的關係，導演只剪了美好的畫面給大家看，但其實在砂田先生的待辦事項裡，卻真的經常出現和家人之間的溫暖關懷和愛。即便是在病情惡化被緊急送往急診室時，砂田先生仍然試圖整理參加葬禮的人員名單，當看見妻子對這樣的自己表現出不滿和擔心的模樣時，砂田先生還開玩笑說：「我們現在正在開葬禮的會議呀！」因為他多多少少還是想用這種冷笑話讓妻子安心。最後是當遠居美國的兒子一家為了和父親度過最後的時光一起回國時，砂田先生緊握遠道而來的孫女的手，說出了一段讓人印象

深刻的話：「謝謝，謝謝你們……對不起……應該要爺爺去找你們才對……謝謝你們來找我，來得好，來得好！」

我們平常不太會表現出這樣的感激之情，因為我們總是在為未來擔憂，或是在為未來準備著什麼，面對眼下發生的種種小事反而沒有餘裕感受到感激。唉呀！這不經意讓我發現了癌症這種疾病的第二個好處了，雖然我真的不想承認，但癌症讓我們對日常發生的小事們，也產生感激的情緒，因為謙遜的心總是在我們陷入谷底時才會找上我們。

這部電影將觀眾帶到感動頂峰的橋段，是砂田先生和妻子最後的對話：「我有一句想對你說的話——我愛妳。」

妻子也留著眼淚說：「我也有想說的話，我想和你一起走，我太晚知道你是這樣一個好人了，應該要再愛你更多才對，對不起……」感覺我們平常也不太會說：「我愛你，想和你一直在一起」這樣的話，因為我們不知道這樣的話會讓對方有多開心。寫到這裡可真有點傷自尊了，但我實在不得不說，我又發現了癌症這種疾病的第三個好處，癌症讓我們知道——在我們周遭的人之中，誰是對我們來說最珍貴的人。

「有誰會在罹患絕症、不久人世的我身旁陪我走到最後呢？有誰會為我的死亡感到傷心呢？」罹癌以後我們會自然而然領悟

一些事實，很不幸的是，在罹癌之前，我們往往不知道身旁的人有多重要。

被診斷出癌末並開始接受各種治療的瀕臨死亡過程，無論對罹癌的當事人或其家屬來說，都是非常難熬的事，所以大多數人都會試圖在心中埋葬在這個過程中必經的各種悲傷和痛苦。儘管這對每個人來說都是再自然不過的情感，但往往我們還是會看眾人的臉色，把這些情緒深藏在內心深處，這也許是因為深怕當自己的情緒流露出來以後，自己反而會變成率先崩潰的人吧？然而就算把對死亡的恐懼表現出來，狀況也不會變得更糟，反而是不表現出來的情緒會讓臨死前的過程更加痛苦難熬，也會長時間在內心留下疙瘩。

幸好幾乎沒有人在看完電影《多桑的待辦事項》後被喚起恐懼和痛苦的情緒，反而微妙地感覺到胸口在傷感之中仍出現一絲暖流，並且自然獲得「是呀，我們還是要活下去」的希望。為什麼呢？因為這部電影雖然記錄了痛苦的經驗，但經過一些時間來看，卻會讓人發現電影中並不只有記錄著痛苦的過程而已，電影中許多邊邊角角的畫面，都拍出了我們從未想過的幸福、幽默、體貼、微笑、舒適、人際關係和家庭等元素，而這些微不足道的小事，在我們的生活每個角落都正閃耀著璀璨的光芒。

當片尾演出名單升起，主題曲開始播放時，我想你應該同時也會感

受到對自己在乎的人，所懷抱的愛和感激之情吧！

為了治療而寫日記

　　當白天裡遺忘的焦慮、孤獨、自責、委屈和怨恨等情緒在你獨處時悄悄蔓延到你身上，使你感到思緒混亂，身體不適時，你會怎麼處理呢？投入網路、遊戲、酒精、食物或運動嗎？如果都沒有用，你會隨便對別人發火轉移怒氣嗎？

　　這時候去散步或洗澡、修剪指甲、做瑜伽等或多或少會有幫助，而冷靜坐下來寫日記也不失為一種有效的治療方式，這是因為透過寫下無法輕易向他人展示的心思，就有機會端詳和探索自己的內心世界。可以的話盡可能不要用理性審查自己的內容，誠實地把內心出現的想法和感受寫下來吧！不必拘泥於任何形式，也不必執著於尋找答案，只要把此時此刻你腦海中閃現的各種想法和感受自由地寫下來就可以了。

　　寫日記對內心像是被麻醉一樣沒有知覺的人來說也很有幫助，因為在寫日記的過程中，被麻醉的心靈會慢慢醒過來，慢慢感受到情緒。用塗鴉或簡短的文字或圖像來表達模糊和不精確的想法或感受，也是一種很好的方式，目的是在日記中釋放內心蠢蠢欲動的情緒，這麼一來便能開始意識到你內心真正的感受，也會開始理解出現這些感覺的原因，這種新的認識能為你帶來一種

安全感。（但請記得絕對要好好保管自己的日記！因為日記本不是為了給任何人看才寫的，日記的主要目的是為了讓我們用客觀的角度，看待自己的思想和情感的流動所寫的。）

接下來是最重要的部分，偶爾在寫日記的同時，可能會經歷更多的負面情緒和想法，讓人感到更加困惑。如果遇到這種狀況，那就先暫時剎車來阻止負面情緒的流動吧，接著再緩慢做一個腹式呼吸，讓頭腦平靜下來，也可以暫時起身做體操或伸展運動，或喝一杯熱洋甘菊茶吧！稍微換了些新鮮空氣後再重新坐下來寫日記也不錯，這次請再試著寫下讓你感到幸福快樂或滿足的正向回憶，或是寫一些讓你感到感激的經驗也很好（雖然寫起來或許會滿困難的，但這對你來說可能會是很大的幫助），思考那些讓你體會到正面情緒的美好回憶，可以讓你在不知不覺間回到舒適平和的狀態，感受快樂甚至是重新找回自信心。

好，現在不要停下來，再讓我們挑戰下一個階段吧。如果你已經通過回想美好的回憶找到了內心的平靜，那麼這次再重新嘗試寫下引起負面情緒和想法的經歷吧。這次為了避免再次陷入剛才思緒混亂的狀況，訣竅是慢慢循序漸進地寫下來，所以請不要貪心地一次就想把所有負面經歷都寫在日記裡，試著把這些記憶分節分段寫下來吧，就算只寫下五分之一或十分之一也很好，光

一邊吃著爆米花，一邊療著傷

是寫下你能承受的少部分記憶，也很足夠了。

最後的最後，請在日記中寫下你的正向經歷完成寫日記的過程吧。然後請深吸一口氣，對好好完成日記寫作的自己說一句鼓勵和讚美的話吧！當你反覆對自己說：「幹得好」、「辛苦了」、「做下去一點也不難嘛」、「從現在開始我會做得更好」時，你就能擁有越來越堅強的力量去忍受痛苦的情緒。（這個過程用專業用語來說是簡諧運動 pendulation 或振盪運動 oscillation，指的是在兩個極端之間來回走動。換句話說，這是一種透過在消極和積極兩種體驗之間來回移動，來增加對消極思想和情緒的抵抗力的一種方法，希望各位有機會一定要試試）

《那時候，我只剩下勇敢 》（Wild）

導演　尚馬克‧瓦列（Jean Marc Vallee）◆美國◆2014
主演　瑞絲‧薇斯朋（Reese Witherspoon）
　　　蘿拉‧鄧恩（Laura Dern）

身體活動得越激烈，
心理越平和

「這世界上沒有一種特效藥，能比活動身體更為你的身體和精神帶來巨大正面變化。」

——《從創傷中痊癒》（Healing from Trauma），
賈斯敏‧李‧柯里（Jasmin Lee Cori）

結束抗癌治療後，我的身體有很長一段時間都還在虛脫狀態，無論怎麼努力身體都使不上力，連要握拳都很難。這種全身無力的日子過得久了，人就容易變得煩惱不少，心情也一直都很低落，於是我便下定決心，想說那不然就來爬山好了。只是真的出發去爬山了，才走到登山口就感到一陣後悔，早知道幹嘛不躺在床上睡覺就好了呢？才走不到五分鐘就覺得腿好沉重，乾脆掉頭回家的念頭也一直出現在腦中，但最後還是想說既然都遠道而來了，先把腦袋中的雜念都清除掉，只把意識放在眼前踏出的每一步，再多走五分鐘吧！此時呼吸一點一點變得急促，身上開始出現了奇怪的變化，神奇的是，當我越走越多，本來像鉛塊一樣的雙腿居然好像越走越輕盈了，就這麼走著走著，不知不覺之間我居然就在山頂了！往旁邊一看剛好一個人都沒有，更讓我覺得正是時候，我使盡全身力氣用力喊出「啊——」，這時才發現在爬山的過程中，不知道從什麼時候開始我的心情已經起了一百八十度的變化。原本黯淡低落的心情已經隨風消逝，取而代之的是激昂的感覺毫無來由地從全身上下湧出，那個瞬間讓我對自己仍活在當下的事實感動不已。

「非常感謝祢！老天呀！我還活著呢！」

這些都已經是八年前的記憶了，明明只是一個小時左右如踏

青般的簡單登山行程，但卻讓我獲得了如此感激的經歷，想想那些會用幾天時間挑戰以我平凡的意志力和體能連嘗試都不敢的高難度運動或登山的人，他們究竟會獲得什麼樣特別的體驗呢？據說有個患者無論怎麼服用抗憂鬱症的藥物都還是沒辦法減輕想死的感受，深受重度憂鬱症所苦，但自從他挑戰了往返首爾到釜山的兩次徒步行軍後，就慢慢開始能夠中斷抗憂鬱的藥物治療，想死的心和憂鬱症也莫名其妙地消失了；也聽說有人在走完西班牙朝聖之旅之後，成功戒除了數年間都戒不掉的安眠藥，能夠好好入睡了；也有人在堅持每天做三小時高強度健身運動後，發現多年來困擾自己的創傷閃現記憶不再出現。

看來活動筋骨還有讓身體近乎達到疼痛階段的行為，對治療心靈創傷和穩定情緒似乎有很顯著的效果，很奇怪吧？活動身體為什麼可以治療心靈呢？電影《那時候，我只剩下勇敢》就很動人心弦地將活動身體來治療內心的過程都呈現在觀眾眼前。

●●•• 自我破壞性的哀悼方法 ••●●

《那時候，我只剩下勇敢》是從真實人物雪兒·史翠德（Cheryl Strayed）這位女性的自傳小說改編而來的電影。雪兒從小就在父親家暴威脅的環境下和母親與弟弟一起生活，眼睜睜看著母親的

一邊吃著爆米花，一邊療著傷

人生既疲憊又悲慘的她，從小就一直夢想總有一天能離開父親，和母親過上幸福快樂的日子。最後母親總算選擇了離婚，雪兒心中想要一起變得幸福快樂的夢想也開始冒出希望的幼苗，然而在命運之神的捉弄之下，就在雪兒正要開始幸福的瞬間，那份幸福的幼苗居然就被連根拔起了，那時才發現癌細胞已經蔓延到脊椎的母親，很快便不久人世。

雪兒一時之間沒辦法接受失去母親的失落感，因為從小到大能暫時讓她逃離父親虐待的唯一場所就是母親的懷抱，母親的存在對雪兒來說是更加珍貴的，對一直以來都依賴母親的愛活到現在的年輕雪兒來說，此時此刻只能被強烈的失落感和創傷性的哀悼反應給淹沒。她深陷在一個人被丟在艱辛世界上獨活的恐慌裡，心裡充滿著身邊沒有人可以信任和依靠的孤獨，以及對母親突然離世所懷抱的埋怨，除此之外還有不知道是不是因為自己做錯什麼害死母親的強烈內疚感，以及一個人面對當下時局時卻無能為力的無助感⋯⋯，雪兒終究不得不為了從這些痛苦的情緒中逃離而陷入徬徨之中。

然而當人想從壓倒性的情緒逃離出來時，所採取的防禦措施總是一如往常地會帶來嚴重的副作用。長達四年期間雪兒都身陷在酗酒和藥物中毒中，一時興起就和男生發生關係，過著荒唐失

控的日子，直到始終在她身邊隱忍的丈夫都離開後，雪兒這才幡然醒悟，發現酒精、藥物和性愛都沒辦法解決她的問題，只是把她帶往毀滅之路。這時她突然有了新的想法，決定挑戰人說像走在生與死之間的極限空間——名為太平洋屋脊步道（PCT—Pacific Crest Trail）的高難度登山路線。

●●· 挑戰高強度的身體極限 ·●●

　　PCT 太平洋屋脊步道是南起墨西哥國境、北至加拿大邊境，總長 4,285 公里的徒步登山步道，幾乎等同於來回首爾釜山六次的距離。這條連專業登山客都以惡魔路線稱呼的步道，沿途包含了杳無人煙的登山小徑、被白雪覆蓋的高山山脊、九個山脈和沙漠，以及廣闊無邊的平原和火山地帶，是一條幾乎涵蓋了所有艱難自然環境的高難度路線。不僅連健康的年輕人都可能在踏入後意外受困而難以脫身，還經常有人因為中途遇到暴雪或森林火災等災害而不得不放棄，只好原路折返。除此之外，因為整趟路途上幾乎沒有人跡，所以這條路就成了絕對孤獨的空間，徒步旅行者不但要面對肉體上的疲勞，還必須對抗隨時會湧上心頭的孤獨感，所以儘管有無數人曾經嘗試挑戰這條路，但實際上一年卻只有一百二十五人勉強完成，可以想見這條路線變化無常和艱難的程度。

對從來沒有認真做運動、不知道怎麼打包行囊和把背包背在背上、也不清楚怎麼搭帳棚、甚至不知道怎麼用煤氣爐生火煮東西吃的雪兒來說，打從一開始這條陌生又充滿艱辛的旅程就是一場令人難以置信的苦行。才半天不到，她的背就被沉重的背包壓得不成人形，腳底都磨破流膿了，腳指甲也不留情面地斷了幾支，儘管她耐不住疼痛忍不住哀叫出聲，但在荒蕪的沙漠上卻沒有一個人會朝她走來，也沒有人會溫柔安慰她和治療她的傷口，更別說走路還不是唯一的痛苦來源了，那些惡劣環境帶給她的恐懼、夜晚降臨時找上她的絕對孤獨、閉上眼時對母親的思念和那些對過去可恨事件的回想，以及遇上陌生人時出現的緊張感和警戒心等等，一切都讓雪兒疲憊不堪。但絕望到連退路都沒有的雪兒並沒有放棄，她仍一步一步堅定地邁開腳步向前走去。從表面上來看這似乎只是一條耗盡身心但實際上毫無意義的苦行，但在她內心深處卻發生了難以用言語解釋的微妙現象，具體來說有哪些呢？

●●• 只專注在身體感官的體驗 •●●

讓我們做個推測吧：想必隨著步行時間一兩天的增加，雪兒的體力應該已經幾乎透支了，但她的意識應該只會專注在自己的

身體知覺上——現在腳底只感覺到刺痛、小腿肌肉緊繃、腰背痠痛僵硬、喉嚨灼熱、大氣喘都喘不過來，這樣怎麼還會被內心的雜念和自哀自憐給分心呢？雪兒只能無奈地對從全身上下湧上來的感覺做出反應，再根據那些感覺迅速行動。她一定是把所有注意力都放在怎麼消除腳底的水泡、放鬆小腿肌肉、保持腰背挺直、多喝水、按耐飢餓和找個地方休息上。隨著重複進行這些過程，雪兒身上也開始出現明顯的變化。

隨著越來越能意識到自己的身體需要什麼，照顧好自己的身體就成了雪兒眼下的首要任務，這時候的雪兒終於可以把自己的意識專注在當下發生在身體的知覺，而這種光是留意並觀察自己身上清楚出現再消失的身體知覺，藉此找回心靈安穩的治療方法，其實就是所謂「正念冥想」（mindfulness meditation）的基礎，近年來廣受歡迎。雪兒越是在走路時專注身體的感覺，過去折磨她的思緒和自憐便更能逐步從她的腦海中消失，而因此騰出的心靈空間便能有更多餘裕讓當下活著和呼吸的真實感受住進去。

當我們透過身體的活動使得內心充滿活在當下的感受時，我們的意識便會自然轉向外部世界，所以從這一刻起，周圍自然的美景開始進入雪兒的視野，路上遇到的人所說的故事也開始打動她的心。雪兒偶然在森林深處遇到的小朋友說自己也失去了媽

一邊吃著爆米花，一邊療著傷

媽，還唱起了歌手媽媽教過的歌，雪兒聽著這首哀戚但充滿愛的歌，忍不住當場流下眼淚，當這個孩子的歌穿透她的心時，雪兒彷彿全身都能感受到母親曾給予她的無盡的愛。

「這世界上雖然有很多我知道或不清楚的事物，但就算把那些全部都加起來，都還比不上我媽媽帶給我的愛。」

當雪兒在歷經九十四天後抵達旅途終點「眾神之橋」時，她終於達到對人生產生高度理解的境界，那個領悟是既單純又深刻的。

「現在我再也不用空虛地伸出手要什麼了，只看魚兒在水裡游也就夠了，都已經足夠了。我的人生就和其他人一樣既神秘又高貴，沒辦法重新來過，但就算只有現在這一刻、有此時在我身邊的東西也就心滿意足了。人生何其難測？所以不如就隨著它的流動去吧，我們別無選擇，只能隨它去。」

如果都已經能達到這番領悟，現在我們不就可以說雪兒已經算是找到真正的平靜了嗎？

電影最後用賽門與葛芬柯的「老鷹之歌（El Condor Pasa）」作為結尾，「神鷹」（Condor）是一種被印加人神聖化的猛禽，據說有「不受任何束縛的自由」的寓意，希望雪兒的人生也能擺脫過去的束縛，像神鷹一樣自由翱翔。

一邊吃著爆米花，一邊療著傷

找到適合自己的運動也是治療創傷的特效藥

　　儘管已經有大量研究顯示運動對心理健康有正面的影響，但運動在創傷治療中的重要性似乎仍被低估，事實上，活動身體是一種非常重要的刺激，可以讓創傷當下凍結的身體再次被喚醒。並且透過活動身體，我們可以重新獲得失去的控制感、自由感和愉悅感。

　　規律的運動實際上會引發我們大腦激素的重大變化，能促進讓心情開心的內啡肽分泌，也通常能幫助減少讓心情低落的壓力荷爾蒙。此外，有氧運動會增加大腦的血流量，從而使負責記憶的新海馬體神經元增殖，幫助我們提升注意力以及解決問題和控制衝動的能力，簡而言之，運動等於是促進了大腦應對壓力的功能穩定發展。

　　不管怎麼樣，就讓我們帶著輕鬆的心情開始運動，多多走動吧！在家裡附近散個步也很不錯，如果有寵物那就完美了，有空不妨去家裡不遠的小丘、空地或山上爬一下，轉換一下心情吧！雖然有時候也會在自己不知道的情況下開始覺得運動很有壓力，總覺得心跳太快，呼吸喘不過來，但我們就先別擔心這點了，休息一下再慢慢重新開始也可以。當然有時候可能會因為害怕身體

過於激動反而觸發過去的記憶，或是導致恐慌發作等等，而使我們不太願意起身運動，並感到焦慮，這都是很自然的現象。不過儘管如此，如果可以試著在這樣的危機情況下，控制住自己的步伐、咬緊牙關，那麼運動就會在治療過程中產生重要的作用。總之就先開始吧！你只需要記住一件事：一開始先從低強度的運動開始，透過伸展等讓身體放鬆的運動，讓自己從緩慢活動身體穩穩的開始。

當身體逐漸習慣輕度運動後，接下來就可以挑戰以前從未做過的行為、姿勢和運動，試著在自由活動身體的過程中，盡可能花時間透過你的身體去體驗放鬆、自由、開心、自信和控制的感覺。對某些人來說，跆拳道、拳擊等劇烈運動可以帶來喜悅和自信心；對另一些人來說，喜悅和自信心則可能來自於需要施展柔軟優美動作的瑜伽、舞蹈、游泳等運動。最重要的是找到適合自己並讓自己感到舒適和愉快的運動，如果你已經找到這樣的運動，請在日常生活中保持規律執行下去吧，雖然這可能讓我們感到緊張或是覺得很麻煩，但還是請先用試看看的心態挑戰。

如果運動越做越痛苦，也越感到壓力的話，那就應該先停止活動，因為那可能是運動強迫症的徵兆，然而如果你能透過身體活動來感受喜悅和自信的話，比起嫌棄自己的身體，你將會越來

一邊吃著爆米花，一邊療著傷

越喜歡自己的身體，並且充滿感激，這可能會是治療創傷的一把至關重要的鑰匙。

　　另外請不要說你不能運動是因為全身疲弱無力，別忘了就是因為全身無力才更需要運動哦！

《大夢想家》（Saving Mr. Banks）

導演　約翰・李・漢考克（John Lee Hancock）
　　　◆美國、英國、澳洲◆2013
主演　艾瑪・湯普遜（Emma Thompson）
　　　湯姆・漢克（Tom Hanks）

治療創傷的藝術力量

「創傷會讓人遺忘當時有多麼害怕、多麼憤怒以及多麼脆弱無力；而戲劇卻
是一種將當時有多害怕、憤怒以及脆弱無力的事實表達出來的行為。」
　　　　　　──《身體都會記得》，貝塞爾・范德寇（Bessel Van Der Kolk）

《歡樂滿人間》（Mary Poppins）是一九六四年迪士尼出品的傑作，在當時稱得上是一部拍攝型式別出心裁的嶄新音樂劇電影，在一九六四年入圍十三項奧斯卡大獎，並正式獲頒五項大獎，劇中許多膾炙人口的音樂作品至今仍深受世界各地影迷的喜愛，是音樂劇電影的經典名作。我第一次看這部電影的時候是在一九七〇年中半，當時我還只是個國中一年級的小毛頭，還記得那時候一班七十多個男生中幾乎所有人都跑去看當時最紅的電影《刺激》（The Sting），只有我實在不知道為什麼自己跑去看了《歡樂滿人間》。看完電影後雖然很想和朋友大聊特聊心中的興奮和感動，但班上的氣氛卻不像有任何同學會想聽我講這部電影的樣子，因為《刺激》裡英氣風發的兩個男主角——保羅紐曼和勞勃瑞福才是時下男同學真正的偶像。最後我只好自己把《歡樂滿人間》連續看了三遍，從此電影的主角——飾演家庭教師瑪莉包萍一角的茱莉安德魯絲也成為了我人生的導師，在那之後茱莉安德魯絲再度飾演家庭教師的電影《真善美》（Sound of Music）上映了，那部電影更是至今都讓我魂牽夢縈。

●●● 出現在不幸家庭的救世主 ●●●

　　當時還是國中生的我是如此，四十年過後的我也依然覺得電

影《歡樂滿人間》裡縈繞的氛圍和情緒稍微有點微妙和難以理解。班克斯一家的小孩因為父母不陪他們玩，所以日子總是過得非常平凡無趣，是在和什麼事都做得到的魔法師瑪莉包萍（神仙教母）在一起後，才好不容易能夠體驗到一個先前都沒有機會體驗的神秘新世界。他們一起走進繪畫裡和裡頭的人與動物一起舞動，在高聳的煙囪上和清潔工滿臉油汗地一起翩然起舞，在屋頂上上下下跑著跳著笑聲連連，那些連想像都想像不到的有趣景況不停上演，而困難又複雜的問題，也都如魔法般被輕而易舉地解決了，這就是一部如此讓人心中洋溢歡快和溫暖的電影。只是不知道為什麼把整部電影看完後，卻反而感到一陣酸楚，當班克斯一家不僅是孩子們快樂了起來，連父母都一起變得幸福以後，神仙教母卻說自己必須要離開了，說完就開始獨自收拾行李。儘管孩子們對她的離開非常不捨，不斷哀求她留下來和他們一起生活，但很快地孩子們就因為要和爸媽一起去放風箏而暫時忘記了感傷，此時神仙教母便轉身背對著正和睦放風箏的一家人，一句告別的話也沒說，便面帶惆悵地飛向天空了。

多虧神仙教母的拜訪，班克斯的孩子享受了一段他們無法想像的熱烈時光，但真正的巨變卻是發生在孩子們的父親班克斯身上。過去總是為了社會上的成功和財富，而忘了和孩子一起分享

珍貴時光的爸爸，突然像是覺醒了一般，開始親近孩子。而當爸爸過去總是不苟言笑的臉上突然出現了笑容時，這也成功讓全家人臉上都漾起了笑容。但究竟為什麼一直在雲上的神仙教母會選擇造訪班克斯家呢？是為了照顧孩子們嗎？為了陪孩子們玩耍？還是為了改變爸爸呢？

最後解決我這番好奇心的關鍵就在看完二〇一三年上映的電影《大夢想家》（Saving Mr. Banks）之後。這部電影直接涵蓋了《歡樂滿人間》的製作背景，原來迪士尼公司的老闆華特迪士尼，曾經答應喜愛小說《歡樂滿人間》的女兒，要把這部作品拍成電影，但小說的原作者卓華斯卻長達二十年不斷拒絕華特迪士尼購買版權的提案。天性固執的卓華斯沒有什麼朋友，獨自一人過生活，而她的自負也是無人能及的。她拒絕迪士尼的原因是因為，她認為用漫畫電影事業賺了很多錢的華特迪士尼是個很膚淺的人，因此打從一開始就很討厭他，同時卓華斯也高度警戒迪士尼想把自己的小說改拍成電影的意圖，自己的原作小說本該是隱含各種社會問題的作品，但她很擔心會在迪士尼改拍成電影的過程中，單純變調成以趣味為導向的作品。然而起初堅決反對的卓華斯，到了晚年家中經濟狀況開始出現困難，於是律師便強烈勸她如果不想破產，那就應該把小說的版權賣給華特迪士尼，最後雖然卓華

斯在沒有選擇之下把版權讓出了，但心裡實在不好受的她還是親自飛到了洛杉磯和華特迪士尼見面。她清清楚楚地表明了自己要求的條件，還當面給了好大一個的下馬威，說如果迪士尼不遵守這些條件，那她隨時都能廢止版權的讓渡合約。除此之外，卓華斯在電影拍攝過程中也不斷出手干預片場大大小小的事，在旁邊狂發牢騷。但畢竟因為卓華斯是擁有著作權的甲方，所以不僅是華特迪士尼本人，連寫腳本、創作音樂的每個團隊成員都要小心翼翼地看卓華斯的臉色。卓華斯非常討厭劇組在沒有她同意之下，更改任何一句台詞或是換掉一小節歌詞，因此在寫腳本的過程中，也不斷對在場其他人發火或保持神經質的態度，對什麼都不滿意，最後她在聽說《歡樂滿人間》中會穿插一些動畫橋段之後，更是怒不可抑地直接毀約回到英國去了。

●●• 蘊含童年創傷的作品 •●●

為什麼卓華斯在面對改拍電影時會這麼敏感又難搞呢？其實是因為《歡樂滿人間》的原著小說其實就是影射她自己痛苦的童年記憶。卓華斯是一八九九年在澳洲出生的，父親來自於愛爾蘭，而母親則是蘇格蘭出身，作為長女的卓華斯還有兩個年幼的妹妹，從小媽媽就要花上很多心力來照顧年紀還小的妹妹，就連

一邊吃著爆米花，一邊療著傷

卓華斯自己也得從小扮演照顧妹妹以及幫助媽媽的長女角色。因為家庭狀況是如此，她經常有獨處的時間，因此養成了一個人在幻想世界中遨遊的習慣，對孤獨的卓華斯來說，父親至少還是個會在有空時和她一起玩、逗她笑的慈祥人物，他總是勉勵卓華斯將來不要變成自己那副糟糕的樣子，鼓勵她不要放棄夢想和希望，是個非常值得信賴的人。然而儘管如此，慈祥的父親卻因為經濟上的困難而感到挫折，在酒醉之後總是做出讓全家不安的舉動。

雖然卓華斯為了深愛的父親什麼事都願意嘗試，但年紀還小的她卻什麼忙都幫不上，唯一能做的就是在父親心急尋找媽媽藏起來的酒時，往爸爸手裡遞上酒。最後受不了丈夫的行為並感到筋疲力竭的母親，自暴自棄之下便決定嘗試自殺，就在這時候遠住在雪梨的姨母為了拯救這危機四伏的一家人而前來拜訪，這個姨母的形象在日後就成為了瑪莉包萍這個神仙教母的創作起源。只是就在剛強的姨母來訪幫助一家子打理家事之後，父親的酗酒情況卻更加惡化了，然後就在某天卓華斯因為父親想吃水梨而去市場採買時，父親毫無預警地吐血身亡。

●●• 透過藝術活動來實現創傷治療 •●●

那麼當時年紀還小的卓華斯在失去摯愛的父親後，度過了怎麼樣的艱苦日子呢？無論是陷入憂鬱症的母親也好，或是充滿氣魄又嚴格的姨母也好，感覺都沒有人能夠細心撫慰年幼的她心中隱藏的喪親巨痛，而那些被迫在這種情境下成長的年幼孩童，往往會在懷抱強烈的自責和內疚之下長大，也許卓華斯是為了要遺忘失去父親的失落感，而獨自攬下那份自責和內疚也說不定，就拿內疚當作是種防禦網吧！然而無論怎麼阻擋，對一個年紀還小的孩子來說，想念父親的心情以及父親不在身邊的傷感，哪有什麼辦法能夠壓抑下來呢？卓華斯最後離開了家鄉，獨自一人去了遙遠的英國，到了那裡也為了將過去遺忘而埋首工作，有什麼機會就做什麼，劇場也做、芭蕾也做，甚至還當過報社記者。據說她這麼努力賺來的錢大多都匯給在澳洲的母親，或許是因為自己不能在母親身邊照料她，為了彌補自己的缺席才這麼拚命賺錢。於是就這麼日復一日，某天她終於開始能成功活用自己從小就有的想像和寫作能力，搖身一變成為一個兒童文學作家，最後創作出了從天上忽然飛下來拯救不幸一家的虛構人物——神仙教母瑪莉包萍。喔不，其實更精確來說，瑪莉包萍在卓華斯的想像中，是幾乎代替了什麼都做不了的她來解救父親班克斯的救星，似乎也因為如此，所以電影才被取名為《大夢想家——解救班克斯先

　　　　　　　　一邊吃著爆米花，一邊療著傷

生》（Saving Mr.Banks）。據說卓華斯除了透過小說中具有神秘力量的魔法師瑪莉包萍治癒了自己小時候所經歷的失落和匱乏，同時也在小說中廣泛處理了折磨父母親的貧富差距以及性別歧視等社會問題，等於是有意無意地將自己的痛苦記憶昇華成藝術作品。其實不僅只有卓華斯是如此，許多藝術家似乎也都在創作作品的過程中達到某種程度的心靈治療。

在經歷了各種曲折之後，華特迪士尼和卓華斯兩人總算達成共識，電影《歡樂滿人間》也戲劇性地完成製作。從遠方搭飛機前往觀看電影首映的卓華斯，在觀影過程中不斷掉下眼淚，即使一旁所有的觀眾都看得好開心，她卻一個人默默垂淚，此時在後方看到她的樣子很是擔心的華特迪士尼便出聲問了句：「妳還好嗎？」卓華斯聽了卻沒好氣地回答：「我是因為你在電影中放了動畫太生氣才哭的！」然而她的淚水其實代表著，她好不容易接受了內心對父親投射的思念和感傷，並且終於能夠放下心中的內疚和自責。

至於當時才剛邁入青春期正值國中一年級的我，為什麼沒有被眾多男同學喜愛的《刺激》男主角所吸引，反而特別為瑪莉包萍動容呢？或許是因為剛上國中非常沒自信又膽怯的我，一開始就沒有信心把充滿男性英雄氣慨的角色當成人生典範吧！反而暗自希望有像瑪莉包萍這樣溫暖又慈祥的家庭保母，因為她多多少少可以理解我，並且陪我一起玩呢⋯⋯或許是吧？

一邊吃著爆米花，一邊療著傷

戲劇治療與心理劇

　　我們的大腦明顯被設定成只往對生存有利的方向發展，如果慢性創傷所帶來的不安和緊張情緒升高，那我們的大腦就會為了降低痛苦的程度而使用阻斷身體知覺和情緒的方法，簡單來說就是為了讓人不感到疼痛而打造堅固的防護網，然而這種防禦機制的問題就在於，不僅是負面的情緒消失了，就連同開心和快樂的正面知覺也會跟著變得麻木。長時間受創傷所苦的人，往往無法將自己內心深處發生的各種情緒狀態好好用話語來說明，對這些人來說，所謂的戲劇治療或心理劇等表演治療就能從各種層面發揮治療的力量，這是因為透過參與戲劇治療，或演出心理劇的方式，能讓人透過面部表情、語氣、手勢、動作和舞蹈，來表達難以直接用語言表達的思緒和情感。

　　當然如果想要達成有效的治療，還是有些需要留意的地方。在戲劇治療的過程中，飾演某角色的參與者可能會在該登場角色內建的強烈情緒影響下，導致自己長期壓抑的情緒被激發出來而感到混亂。這是由於戲劇中往往會交替出現各種情緒，例如：愛與怨恨、信賴與背叛、慾望與絕望、憤怒與臣服等，人物情感原本就偏激情，因此戲劇治療一定要在安全的氣氛下展開，而戲劇

治療的帶領者也務必要在戲劇練習的過程中，好好調整強弱，以確保每個參加者都能在感受到安全的情況下進行。當參加者覺得過程難受時應該馬上停止練習，在參與者重新找回安穩之前，必須充分給大家時間，必要的時候也要積極地介入，用引導腹式呼吸、準備安全區域等方式來讓參與者找回情緒的安穩。過程中最重要的並不是發揮優秀的演技，而是讓自己的身體能夠感受到登場人物的情緒，也就是說，應試著在說某句台詞時專注在自己當下所感受的情緒和身體知覺，或是試著也在對方說某句台詞時，專注在自己所感受到的情緒和知覺等，體驗當下的感觸會比較重要，且慢慢進行就可以了。戲劇治療的強項就是先不表達自己的感受，而是去體會並表演登場人物的感受，有一種相對的心理距離感。

而主要用即興創作的方式為基礎來探索主角內心世界的心理劇，則比戲劇療法更直接一些，在虛擬的舞台上，主角和「輔助自我」一起將自己的內心世界具體化，在變換角色的同時，探索壓抑的情緒或過去受到傷害的記憶。雖然如此一來也可能過度刺激長期被壓抑的情緒，然而心理劇的優點就在於，可以隨時且有彈性地根據情境變化而適時發揮幽默和詼諧的表演方式，同時導演、輔助自我、觀眾等人都能一起支持和激勵主角，也能一起

同理整個過程。除此之外大部分的心理劇導演都是精神健康的專家，他們能在安定的環境下適度調整強弱，如果能幫助主角一點一點用語言和非語言的方式來表達情緒，那麼心理劇也能為大家帶來非常好的治療效果。

《青春勿語》
導演　李秀鎮（이수진）◆韓國◆2013
主演　千玗嬉（천우희）、鄭吝善（정인선）

在傷口上撒鹽的人們

「對經歷過創傷的孩子來說，他們最需要的是一個健康的社會共同體，協助他們緩和創傷所帶來的痛苦、孤獨和失落感。隨著具有高度的耐心和包容力的人際關係逐漸增加，孩子們就越能快速地康復。」

　　——《像狗一樣養大的孩子》（The Boy Who Was Raised As A Dog），
　　　　布魯斯・佩瑞（Bruce D. Perry），美國兒童精神科醫師

雖然創傷事件本身帶來的衝擊對創傷後壓力障礙的影響最大，但事件發生後，周圍環境如何幫助和支持受害者，對創傷後壓力障礙的預後過程也會有非常顯著的影響。我們甚至可以毫不誇張地說，在青少年時期家人的支持、朋友的關心、周遭大人的關懷，在在都決定了孩子是繼續沉浸在創傷的影響，還是能夠克服創傷往前成長。

電影《青春勿語》會讓人聯想起在密陽發生過的集體性侵事件。韓文片名直譯為「韓公主」，是電影女主角的名字，據說這個名字的設定也是為了讓觀眾聯想到所有女孩都是父母的掌上明珠，從小在家也都曾被稱過「公主」。然而這部電影中的女主角韓公主卻沒有被世上任何人當成公主對待，她只是一個遭遇恐怖事件而脆弱得頻頻顫抖的年輕少女，身邊完全沒有一個大人好好把韓公主當作是人試著去理解或擁抱她。我曾懷抱著鬱悶的心情很仔細地檢查了整部電影，但卻發現真的是連一個人都沒有，沒有一個大人在韓公主面前展現出一個大人應有的模樣。「這種事根本沒什麼，時間過了就會忘了啦！」班導一臉蠻不在乎地拋出這些稀鬆平常的老話；「她年紀還這樣小，應該不至於懷孕吧？」一點也不考慮受害者心情的班導母親是這麼說的；「你把整個村的臉都丟光了！」連警察們也都惡狠狠地欺壓她；學校校長只擔

心學校會有不利的謠言而奉勸韓公主保持安靜乖乖閉嘴;「趁我們還能好好說的時候,給我乖乖聽話吧!」其他老師們在嚴厲的校長後面就像屏風一樣站成一排長牆,對她施加無言的壓力;還有跑到少女轉學的學校卻一句歉意也沒說,反而興師問罪恐嚇她的加害者父母:「不是你先搖尾巴勾引人家的嗎?和解書還不趕快簽一簽?」還有對三年不見,好不容易來拜訪的女兒潑冷水的親生母親:「妳爸叫妳來的嗎?現在剛好是生意最不好的時候,妳之後再來吧」;還有一心只想趕快和加害者父母和解好拿錢了事的親生父親……等人。電影中出現的所有大人都沒有試圖想要了解韓公主受傷的心,更別說想要將她擁在懷裡好好安慰了,這些人明明比才活了十七年的韓公主多活過兩三倍、甚至三四倍的時間,但卻沒有一個大人在面對這個遭遇恐怖創傷事件而顫抖不已的年幼少女時,能選擇稍稍安慰她並展現符合年紀的成熟大人面貌。

●●• 不理解和不關心造成的二次傷害 •●●

他們幾乎只扮演好自己被分配到的角色:在看到韓公主沒有可以去的地方時,就讓她在自己母親家過夜的盡責班導;儘管因為懷疑韓公主而不斷苛責她,但卻還是讓無家可歸的韓公主在家

一邊吃著爆米花,一邊療著傷

留宿的班導母親；為了幫助韓公主盡快轉學而採取相關措施的校長；哪怕是一刻也好都想盡快完成事件調查的警察們；至少還能給韓公主一點零用錢的親生母親；為了讓她吃好吃的東西不惜點昂貴下酒菜的親生父親……等。所有人看起來都試圖做好身為成年人的自己該扮演好的角色，然而同時他們卻也說著讓人聽在耳裡都覺得丟臉的風涼話，或是倉促而粗暴地處理應該要冷靜細膩面對的問題。身為親生母親，卻也只是丟了幾個錢就想撇頭打發那個只因為想念以前可以在母親懷抱中毫無顧忌痛哭、而特意前來找她的女兒，或是一邊嚷嚷著要趕快讓一切都恢復原狀，一邊強迫韓公主趕快把和解書簽一簽。這些大人只是一再反覆著這些例行公事，他們也只是那些善於計算又卑鄙的矯飾大人 ，一點也沒有做為真正成熟的大人應該要有的樣子。更誇張的是，在這部電影中甚至沒有一個成年人知道這個顯而易見的事實──作為一個大人，我們必須真誠地關心、安慰和保護一個遭遇可怕傷害的孩子。

真的讓我內心鬱悶不已的是，像這樣的案例並不只在電影中出現，現實中更是令人訝異，因為類似的情境就如電影翻版一般層出不窮。這還不僅只侷限在年輕女學生遭受性侵的事件而已，無論是校園霸凌、軍中虐待、職場壓榨，在事件發生後已經是弱

勢的受害者，卻被身邊環境中的人用典型方式對待的二次傷害經常發生。 如果是自己的子女陷入一樣的狀況，還能夠這麼無恥的應對這些事嗎？先別說有沒有為孩子挺身而出了，光是旁觀和漠視，就足以為受過創傷的孩子帶來第二、第三次的創傷了。或許是因為我們從來沒有從任何地方好好學過如何對待受傷的人，如何同理他們，如何安慰他們，也不知道哪怕什麼都做不了的時候又有哪些是不能做的。

　　一般來說，小孩子和青少年講話的聲音比他們周遭麻木不仁的成年人低，擁有的權力也小，雖然有時會做出不成熟的衝動舉動，但孩子卻也沒辦法坦蕩蕩地喊出要求大人的話，如：「我很委屈」、「你們這樣做我很受傷」、「我現在需要的東西不是那個」。這是因為孩子們從很久以前就已經學到並且清楚知道這世間的真相是——全身拚命掙扎的話，情況反而會變得更糟，朝著他們而來的批評和排斥的目光也會更加濃烈。他們甚至發自本能地害怕和擔憂，害怕一旦犯錯就會被拋棄、被徹底疏遠，甚至是失去性命。所以受到傷害的孩子通常會選擇第二方案，也就是保持沉默。而且即使他們本身已是受害者，卻仍會反省自己的過錯並因此感到內疚，會像犯了大罪的人一樣逃跑，或看旁人的臉色。然而孩子越是沉默、越是抑鬱、越是逃避現實，則大人的無知和冷

一邊吃著爆米花，一邊療著傷

漠越有可能把孩子推向沒有出路的死胡同，因為當一個孩子選擇退縮並老實待著時，背後卻會被施加更多不言而喻的壓力，彷彿像在對他們說：「現在都結束了，早點擺脫那件事吧！做一個正常的好孩子吧！」這種壓力對於步履蹣跚、好不容易才堅持下來的孩子而言，幾乎是決定性的衝擊。

●●· 我們社會上所需要的真正大人 ·●●

即使是經歷同樣的創傷事件，我們每個人的反應也會有不同的樣態，有些人會隨著時間的推移慢慢恢復；有些人反而在時間過去以後，變得越來越不穩定；有些人則看起來似乎好轉了一陣子，卻又隨即變得更糟，不斷反覆這個過程。而之所以造成創傷後遺症病程不同的原因之一就是——不同的受害者周圍所面臨的環境不同。在創傷受害者身邊安慰和支持他們的人越多，創傷後遺症就越少，克服創傷的資源也就越強。身邊值得信賴的朋友或戀人、可靠的配偶、父母、兄弟姐妹或學校老師的存在就像一種免疫強化劑，對減輕創傷後遺症非常有效。反之，周邊的環境如果充滿矛盾，這種缺乏了解和漠不關心的環境就像一種惡性病毒，會迅速降低一個人對創傷的免疫力，尤其是對自我還沒有充分發展的青少年來說，他們必然會受到家庭、學校、朋友的影響，

而這種影響往往是超乎預期的，因此周邊大人說的話、做的行為對受過創傷的青少年來說，都是非常重要的。

　　當然，目前世界的認知和我們的社會體系正在迅速變化，越來越多的公共機構開始照顧受害者，例如犯罪受害者諮詢中心、性暴力諮詢中心、校園暴力諮詢中心、家庭暴力諮詢中心等，但我們身邊確實仍然存在許多兒童、青少年和社會弱勢群體有著和韓公主相同的經歷，這也是為什麼這個世界上應該要有比諮詢中心更多的真正成年人存在。

PS

雖然電影《青春勿語》是用開放性結局作結，但我心底還是有股說不出的悲傷。看著劇中韓公主聽著朋友們的歡呼聲，心中生出了說不定會重新開始的模糊希望和期待時，我的心反而更痛了，我感到一切都是無比地虛妄。韓公主像是有預感某天她會跳進河裡一樣拚命學了游泳，但我們卻都不得不再更用心去傾聽她即使在決定去死的那一刻，仍懇切哭喊的那句話──「我還是想活得好好的！」我們都應該再把手伸得更近一點才是。

對受傷的子女表達安慰時

如果你的孩子正在為朋友之間的衝突、學業問題或未來發展等瑣碎的問題苦苦掙扎時，我們可以提供諸如「在這種情況下試試看這樣做吧」的建議，或者「我相信你、要堅強」等激勵的話語也不錯，如果有必要還可以給出「如果你現在不振作，將來就可能會後悔，現在是一個很重要的時刻」之類的忠告。

然而如果是非常嚴重的衝擊讓孩子感到非常洩氣或沮喪時，這種形式的建議、鼓勵和忠告通常對孩子沒有幫助，因為也許就父母親的想法來說，那些問題看起來一點也不大，但對孩子脆弱的內心世界而言，卻可能已經達到非常敏感的狀態了（大部分的孩子會敏感都是很自然的）。這個時候無論是多麼溫暖的勸戒、鼓勵或忠告，聽起來都像是批評的聲音，所以說不僅要客觀評價孩子的經歷，更重要的是要審慎考量到每個孩子不同的感受性和敏感度，最基本的就是要能配合孩子的程度來表達自己想安慰他們的心意。

為了向正在掙扎的孩子們傳達安慰的心，想要安慰他們的父母首先也要觀察並照顧好自己的情緒，應該要冷靜下來慢慢問自己：「我是不是太早開始焦慮了？」「我是不是太生氣了？」「我

現在應該是太過失落了對吧？」如果父母正感到焦慮、憤怒和失望，就不應該急於安慰孩子，因為從焦慮、憤怒或失望中得到的安慰，根本不是安慰。

如果你的心是平靜祥和的，那接下來的步驟其實沒有那麼難。不要單刀直敘地問：「為什麼你那麼難受？趕快告訴我吧！」與其這麼步步進逼，不如安靜地接近孩子並試著這樣說：「因為你看起來好像很難受，媽媽（爸爸）很擔心你。」接著只需要在旁邊稍待片刻即可。如果當下孩子沒有心情說話，那也可以先安靜地退場，告知他們之後有想說的話都可以隨時來告訴你，這至少是在間接表達你對孩子內心的尊重。

如果你的孩子開始開口談論他正在掙扎的事時，首先要充分傾聽他們的聲音，不要試圖輕率地判斷孩子在說的話，只需從頭到尾仔細聆聽孩子的故事就好，儘管你的內心可能仍會充滿執念，也會燃起想要立刻下判斷的欲望。如果是這樣，我們可以試著對自己說：「這只是我的感覺，這只是從我過去的經驗中產生的一般性意見而已。」努力嘗試讓那些想法順水流過就好，最重要的是盡可能保留你自己的判斷，認同理解孩子的痛苦感受比評判他們要來得重要得多，可以盡量用：「你應該非常難受吧，聽了你的事讓我也很心痛。」這樣的方式來表達你對孩子的同理。

如果孩子在說自己的事情時情緒激動開始哭泣，我們也可以輕輕握住他的手或是將手放在他的肩膀上，然後對他說：「我好像知道你為什麼哭了，是呀，哭也沒關係的。」這時放輕音量說就可以了，盡量不要去干擾孩子自然的哭聲，這是因為哭泣通常是一種健康的情緒表現，哭得夠就足以讓孩子的心平靜下來。如果可以的話，你還可以擁抱並輕拍他的背部、輕撫肩膀或握他的手都可以（溫暖的觸摸有著神奇的安慰力），一邊說：「對不起，我不知道你正在經歷這麼困難的時刻，我以後也想多多幫你，如果有任何需要我的地方隨時都可以告訴我。」將你的心意好好傳達給他們知道。

　　當然這永遠都不會是件容易的事，但儘管如此，充滿同理心的安慰往往都能帶來超乎想像的結果。

《金福童》

導演　宋元根（송원근）　◆韓國◆2019
主演　金福童（김복동）、旁白 韓志旼（한지민）

創傷的痕跡
即使過了很久仍然存在

「創傷是一件無法挽回的事，沒辦法透過補償或是復仇而完全彌補。然而追
究加害者的罪責並不只是為了受害者個人的安寧，對維護更重大的社會健康
來說也是非常重要的事。」

—— 朱蒂絲・赫曼（Judith Lewis Herman），美國精神科醫師

幾年前看電視看到一半曾經被嚇了好大一跳，是因為看到電視畫面上突然出現一個老奶奶對著穿著白色夏天校服的國中生破口大罵，罵的還是最難聽的髒話。據說那個老奶奶年輕時曾是日軍的「慰安婦」，當時似乎是因為老奶奶在看見身穿白色校服的國中少年經過時，無意間觸動了七十多年前被日軍殘忍凌虐的記憶，儘管已經過了七十多年的歲月，但那時的記憶對她來說仍是那麼鮮明，所以才讓奶奶有了彷彿事情才剛發生般的強烈情緒反應。令人震撼的是，無論時間過了多久，創傷的痕跡都仍在那裡，不會輕易消失。

　　然而我們仔細觀察就會發現，其實身邊意外地有不少人都還持續受到過去記憶的影響。有個老爺爺因為在日據時期吃了太多配給的大豆軍糧，即使在過了七十多年的現在，他還是連聞到大豆的味道都覺得噁心，也不想再碰豆腐渣火鍋；有個奶奶在韓戰後因為沒什麼可以吃的東西，在真的餓得受不了時，硬吞了無數次的乾癟麵疙瘩和鍋巴，於是如今就連看一眼都討厭，當然也不能理解現在的年輕人老愛找麵疙瘩名店、鍋巴名店還專程去吃是什麼概念；我自己的外婆生前也是聽到巨響就會害怕得打寒顫，因為那會讓她想起韓戰時待在伸手不見五指的防空洞中，聽著轟隆隆響的砲彈聲一個人顫抖的記憶，她也因此非常憎恨任何

巨響；還有個四十多歲的男子在高中時被數名不良少年施暴，至今在看到已經是孫姪輩的十幾歲少年聚在一起時仍會非常緊張，必須要刻意繞路避開他們；一名五十多歲的女子還是國中生的時候，某天在一個雨夜的大街上被一名從背後跑來的男子性侵，她說即使是現在，只要晚間下了雨都會讓她感到煩躁也很害怕出門，聽說有一次她剛好在一個下雨的晚上有急事出去，當一個五歲的小朋友從她身後走來時，她竟嚇得當場跌坐在地上。雖然走來的只是個五歲的孩子，但還是讓她感到恐懼。喔不，應該說是心中那份恐懼又回來了。而我自己其實也是，五十多年前我曾經從五公尺高的樓梯上摔下來弄傷鼻子，撞得鼻子幾乎都歪了，現在我連一公尺高的河堤都不敢上去，內人老愛一邊順勢在河堤上坐下來，一邊取笑我這有什麼大不了的，但我是連看她坐在河堤上的樣子都會不寒而慄。

在精神醫學上這些現象被稱為記憶閃現，指的是過去的創傷記憶生動再現的現象，當一個人受到某種刺激，記憶突然閃現時，過去創傷時的痛苦影像、情緒和身體感官記憶就會突然強烈地再次湧上心頭。就因為這樣的創傷記憶會用視覺、聽覺或觸覺等感官讓人如身歷其境般重演過去的時刻，所以正在經歷記憶閃現過程的當事人，並不會覺得過去發生的事只被留在過去的某個

時空（there and then），反而會如同在現地、現下時空（here and now）重新體驗一次當時的事件。

這種記憶閃現現象在我們的生活中頻繁發生，意味著即使是很久以前經歷過的創傷性記憶也不會輕易被時間的風浪給抹去，即使已經經過很長一段時間，創傷性記憶在我們大腦的記憶迴路中仍然完好無損，並且在許多情況下仍然對我們的生活帶來深遠的影響，我們的許多取向和選擇都深深被創傷性記憶影響著，無論我們是否意識到。

●●• 從受害者的人生到奮鬥者的人生 •●●

電影《金福童》是一部關於女權與和平運動家金福童的紀錄片，金福童從一九九二年開始以女性人權和和平運動家的身分活動了三十年之久，這位老奶奶在十四歲時被日軍的話給騙了，說要讓她到軍服廠工作，實際上卻拖她到了「慰安部」，送往中國、香港、馬來西亞、印尼和新加坡等地長達八年之久，她在異地作為日本軍隊的「慰安婦」而飽嘗了各種苦難。（即使在戰爭結束後，老奶奶似乎也沒有馬上回到自己的家鄉，這裡或許還隱藏著更多令人感傷的的難言之隱吧！）金福童老奶奶回國之後雖然結了婚，卻一直懷不上孩子，丈夫先離開後便一直獨自過著孤獨的

生活。一九九一年八月中旬，金學順老奶奶率先為日軍慰安婦受害事實作證，目擊這個場面的金福童奶奶於是便不顧幾位家人的反對，在一九九二年三月接續告發慰安婦的受害事實，之後老奶奶也繼續用慰安婦的身分參與為慰安婦受害事實作證的各種示威活動，呼籲國際社會關注日軍「慰安婦」的議題。《金福童》這部電影就是描述了老奶奶從為慰安婦作證，到日後每週三都參加日本大使館前面舉辦的集會，以人權運動者身分要求日本做出真正的道歉和賠償等的種種足跡。

電影一開始，當被問及為什麼要告發慰安婦的受害事實時，老奶奶用沉重的語氣回答：「無論我年紀有多少歲，我都不會忘記過去發生的事情，它還是鮮明地停留在我的腦海中，這就是我出來作證的原因，因為我想讓它被人知道。」根據這些話我們可以知道，老奶奶顯然也是長期患有創傷性記憶所引起的創傷後壓力障礙症候群，並為此所苦。不僅是這樣，在創傷以後的人生裡她也不得不放棄和犧牲許多，這種失落感更是雪上加霜，讓她在日常生活中更難以保持平靜的微笑。然而就在將自己的被害事實公諸於世之後，一種前所未有的變化開始在她身上發生了。先別說去參與集會或去講課所為她帶來的外在變化，福童奶奶的內心世界似乎也跟著起了很大的改變。也就是說，創傷帶來的痛苦和

一邊吃著爆米花，一邊療著傷

失落感逐漸被推到老奶奶人生的角落去了，而空出來的位置被為了正義而展開的激烈奮鬥史給佔據。二十多年來，金福童老奶奶自始自終都過著積極要求日本政府承認「慰安婦」相關的罪行，以及要求日本做出官方道歉、法律賠償和歷史教育的日子，這樣一遍遍反芻痛苦記憶的同時也努力作證，就算對精力充沛的年輕人來說也不是一件容易的事，對高齡長者來說想必是更加難熬，但金福童老奶奶的神情卻反而是變得更加堅毅不拔，創傷帶來的無助和失落感反而轉化為奮鬥的能量，讓她能夠自信地釋放出來，這時老奶奶的人生已經從痛苦萬分的被害者人生，轉化成能夠像鋼鐵一樣奮鬥的人權運動家的人生。

●●● 受害者以活著作證 ●●●

當然在那之後也有許多打擊老奶奶戰鬥意志的事件持續發生，日本政府只顧著淡化自己率先挑起侵略戰爭的犯罪國家形象，而大韓民國政府也草率地和日本政府達成協議和解，他們都單方面無視祖母的血淚證詞還試圖將其掩蓋起來。國家不斷堅持原本的立場，並且大聲疾呼實際上並沒有證據顯示過去有故意綁架或販賣婦女的事實存在，還作賊喊捉賊地將老奶奶們稱為騙子和妓女，這些都顯然是給老奶奶帶來第二、三次創傷的無恥行

為。你說沒有證據嗎？難道還有比活生生廣傳至亞洲各地乃至全世界的慰安婦受害證詞更令人信服的證據嗎？

　　事實上，這種荒謬而專橫的世道現在看來也並不新鮮了，在創傷史中受害者總是被迫遺忘和保持沉默。性暴力和家庭暴力的受害者通常是無能為力的婦女、兒童或貧窮和邊緣化的階級，他們越是為真相作證並提出合理的主張，就越不得不先遭遇威脅和脅迫，但卻並不能保證會因此獲得安慰或者保障自身的安全。包括加害者在內的許多人更已經長時間、強力地堅稱受害者的長年記憶根本不能成為證據，這些主張甚至比被害者的記憶本身還來得久遠，他們就是始終用那些拿錢和權威打造的歷史材料和科學證據來說事，加害者們一直以來期盼的事情只有一個，那就是希望自己闖出的禍能永遠從被害者的記憶中消失。「大家都能盡可能地健忘，因此我們絕不能忘記。」這種單方面的施壓行動，在歷史中總是反覆在受害者的呼喊聲中出現。

　　不過縱然世道是如此，金福童奶奶卻並沒有停止奮鬥，相反的她還從奮鬥的人生更往前一步開展了分享的人生。金福童奶奶設立了一個基金會來幫助戰爭期間遭遇性暴力的受害者，還捐贈了獎學金給戰亂地區的兒童，並且在二〇一五年譴責了韓國與日本政府就慰安婦問題所主導的協議，進行了一人示威。遺憾的是

　　　　　　　　　　　　　　一邊吃著爆米花，一邊療著傷

金福童老奶奶在高齡九十三歲時，終究不敵突然找上她的癌症，結束了日記的一頁，到天堂去了，然而直到她閉上雙眼前的一刻都還在為正義而奮鬥，並沒有停止聲援被邊緣化的人。金福童奶奶從來都不是創傷的受害者，她反而克服了創傷，走上了更悠遠的人生。

PS

在接受癌症手術後不久，金福童奶奶舉行了一場一人示威，指稱韓日兩國政府之間的單方面協議是錯誤的，當時老奶奶低聲對日本記者說的話讓人好是心酸，她說：「我們都不需要為了這件事撐（僵持）這麼久的，這樣下去雙方都不會有盡頭的……我們不是要去要求一個多麼大的道歉，其實只要說聲：『對，我們當時是做了……非常對不起，請您原諒我……』只要他們召集記者然後這樣說的話，那我們會怎麼做呢？我們當然可以原諒呀！請幫忙傳達給安倍知道吧！如果希望我們兩方可以好好相處個一天也好，那就請他務必要站出來做個解決。麻煩您出個新聞吧，就說這個糟老太太金福童這麼說了，好讓安倍可以看到，讓安倍可以聽到……」這話真讓人聽得心痛不已。

為了正義所作的爭鬥

即使長時間的創傷後遺症——即創傷後壓力障礙症候群的症狀——隨著時間更迭會慢慢緩解，但受害者內心的自我喪失感和自責的重擔，卻通常會越來越沉重，因為事實是我們永遠都無法回到創傷前的狀態了，因為創傷而失去許多東西的事實永遠不會改變。那麼我們要如何去克服這一點呢？隱藏和否認悲傷絕對不是擺脫它的好方法，悲傷應該被承認和接受，成為我們生活的一部分。我們應該更加專注在現在和未來，好加以擴大我們期望的生活境界，我們必須去建立新的關係，尋找新的興趣領域，參與新的社交活動，並找到新的生活意義，唯有這樣，生活中被悲傷佔據的比例才能逐漸減少，而我們真正想要的生活比重才會增加。

在金福童老奶奶的生命盡頭，我們感受到的是希望和感動，而不是悲傷和絕望，金福童奶奶不是在談論憤怒和報仇，而是在述說著這個世界上我們必須守護的價值觀、正義和愛。一直到最後她都馬不停蹄地在建立新的連結，向其他受傷的人伸出希望之手，這不正是創傷後成長的真正人生嗎？

一邊吃著爆米花，一邊療著傷

一邊吃著爆米花，一邊療著傷
透過電影看見我們說不出口的心理創傷

作　　者 —— 金峻基
譯　　者 —— 黃子玲
主　　編 —— 林巧涵
行銷企劃 —— 蔡雨庭
封面設計 —— 李佳隆
版面構成 —— 林曉涵

第五編輯部總監 —— 梁芳春
董 事 長 —— 趙政岷
出 版 者 —— 時報文化出版企業股份有限公司
　　　　　　108019 臺北市和平西路 3 段 240 號
　　　　　　發 行 專 線 — (02)23066842
　　　　　　讀者服務專線 — 0800-231705、(02)2304-7103
　　　　　　讀者服務傳真 — (02)2304-6858
　　　　　　郵　　　　撥 — 19344724 時報文化出版公司
　　　　　　信　　　　箱 — 10899 臺北華江橋郵局第 99 信箱
時 報 悅 讀 網 —— www.readingtimes.com.tw
電子郵件信箱 —— yoho@readingtimes.com.tw

法律顧問 —— 理律法律事務所 陳長文律師、李念祖律師
印　　刷 —— 勁達印刷有限公司
初版一刷 —— 2023 年 1 月 13 日

定　　價 —— 新臺幣 450 元
（缺頁或破損的書，請寄回更換）

時報文化出版公司成立於 1975 年，並於 1999 年股票上櫃公開
發行，於 2008 年脫離中時集團非屬旺中，以「尊重智慧與創
意的文化事業」為信念。

ISBN 978-626-353-368-4　　Printed in Taiwan

一邊吃著爆米花,一邊療著傷：透過電影看見我們
說不出口的心理創傷/金峻基著；黃子玲譯. -- 初
版. -- 臺北市：時報文化出版企業股份有限公司,
2023.01
　　面；　公分
ISBN 978-626-353-368-4(平裝)

1.心理創傷 2.CST: 心理治療

178.8　　　　　　　　　　　　　　111021526